Danksagung

Zunächst möchte ich mich an dieser Stelle bei all denjenigen bedanken, die mich während der Arbeit an diesem Buch unterstützt und motiviert haben.

Ganz besonders gilt der Dank meiner Freundin, die mich die gesamte Zeit über motiviert hat und es mir nicht übel nahm, dass ich so viel von unserer gemeinsamen Freizeit in dieses Projekt steckte - danke Schatz!

Außerdem meiner Mutter, die fleißig nach diversen Tipp- und Rechtschreibfehlern gesucht hat und auch so manches Komma an die rechte Stelle rücken musste.

Vorwort

Mit der Version 3 wurde Python nochmals von einigen Ecken und Kanten befreit und noch klarer und einfacher strukturiert. Daher gehört die Zukunft Python 3!

Ich habe versucht die Grundlagen der Softwareentwicklung mit Python 3 und einige fortgeschrittene Themen wie Webentwicklung, GUI-Programmierung und sogar maschinelles Lernen kurz und prägnant auf den Punkt zu bringen ohne große Umschweife. Dabei lernen Sie anhand vieler praktischer Beispiele wie Sie Ihre eigenen Ideen in Python umsetzen können.

Ich habe die hier gezeigten Beispiele unter Python 3.6 entwickelt und getestet. Es kann durchaus sein, dass die ein oder andere Funktion in älteren Python-Versionen etwas anders funktionieren oder, dass das ein- oder andere Modul das mit älteren Versionen geliefert wird unterschiedlich arbeitet.

Daher empfehle ich Ihnen auch mit Python 3.6 zu arbeiten - falls Sie noch eine ältere Version im Einsatz haben und keine zusätzliche Version installieren wollen oder können dann verweise ich Sie an dieser Stelle an die Dokumentation von Python. Als Entwickler werden Sie damit ohnehin sehr häufig arbeiten und immer wieder einige Dinge nachsehen müssen. Ich muss das nach über 12 Jahren Softwareentwicklung auch noch immer wieder. Kein Mensch kann sich mehrere zehntausend Klassen, Methoden, Eigenschaften und Befehle merken!

Ich wünsche Ihnen viel Spaß beim Lesen, Lernen, Durcharbeiten und viel Erfolg! Sie können wir auch gern Ihre Fragen, Wünsche und Anregungen oder Ihr Feedback an `mark.b@post.cz` senden.

Ihr

Mark B.

MARK B.

Programmieren lernen mit Python 3

Schnelleinstieg für Beginner

Impressum

Bibliografische Information der Deutschen Nationalbibliothek:
Die Deutsche Nationalbibliothek verzeichnet diese Publikation
in der Deutschen Nationalbibliografie; detaillierte bibliografische
Daten sind im Internet über http://dnb.d-nb.de abrufbar.

Coverbild:
Sophia Kardell (*MissSophie*)
https://www.flickr.com/photos/132052170@N05/

Herstellung und Verlag:
BoD – Books on Demand, Norderstedt

ISBN:
978-3746091297

Inhalt

Was ist Programmieren

Programmieren bedeutet grob gesagt dem Computer den Lösungsweg für eine Aufgabe beizubringen. Dies machen wir mit Programmanweisungen, die in einer speziellen Sprache geschrieben werden.

Die ersten Computer mussten mit sogenannten Lochkarten programmiert werden. Hierbei war es extrem mühsam die Löcher in diesen Karten in der richtigen Anordnung zu stanzen. Diese Art der Programmierung war zwar für den Computer die einzig verständliche Art und Wiese aber für uns Menschen umso schwerer nachvollziehbar und erforderte genaueste Kenntnisse jeder einzelnen Schaltung. Daher wurden mit der Zeit Programmiersprachen entwickelt um den Programmier-Vorgang zu erleichtern.

Die erste war Assembler - eine Sprache mit der weiterhin jeder einzelne Prozessorschritt programmiert wurde. Zur besseren Lesbarkeit für uns Menschen wurden jedoch einfache Abkürzungen wie `mov` für move (*bewegen / verschieben*) oder `jne` für jump when not equal (*springen wenn nicht gleich*) verwendet. Immer noch war es für den Programmierer unerlässlich sich genauestens mit dem Aufbau des Prozessors auszukennen. Anstatt abstrakter Folgen von Nullen und Einsen waren die leichter verständlichen Abkürzungen eine deutliche Arbeitserleichterung. Problematisch war allerdings, dass ein anderer Rechner durchaus andere Operationen für seinen Prozessor verwenden konnte und daher musste ein Assembler-Programm unter Umständen für einen anderen Rechner komplett umgeschrieben werden.

Darum entwickelte man die sogenannten Hochsprachen. Diese abstrahieren Programmanweisungen von den einzelnen Prozessor-Schritten. Beim Übersetzen (*kompilieren*) eines solchen Programmcodes werden dann die einzelnen Programmanweisungen in den jeweiligen passenden Maschinencode übersetzt. Das bedeutete dann, dass es endlich möglich wurde, das gleiche Programm ohne Änderungen für verschiedenste Prozessoren zu kompilieren.

Außerdem wurde es deutlich einfacher Programme zu schreiben, denn Programmierer mussten nicht mehr jeden einzelnen Prozessorschritt beschreiben und konnten mit gut verständlichen Anweisungen Programme entwickeln selbst ohne genaue Kenntnisse des Aufbaues der jeweiligen Prozessoren.

Wie wichtig dieser Schritt war und wie sehr es das Programmieren vereinfacht und damit mehr Leuten zugänglich gemacht hat sieht man, wenn man diese zwei Programme vergleicht:

Ausgabe von "Hallo Welt!" in Assembler (nasm unter Linux)

```
section data
hello db  "Hallo Welt!", 0xa
len   equ $-hello
```

```
section text
global _start
_start:
    mov eax, 4
    mov ebx, 1
    mov ecx, hello
    mov edx, len
    int 80h

    mov eax, 1
    mov ebx, 0
    int 80h
```

Ausgabe von "Hallo Welt!" in Python 3

```
#!/usr/bin/python3
print("Hallo Welt!")
```

Wie Sie sehen können, sind Programme in höheren Programmiersprachen deutlich einfacher zu verstehen und zu lesen. Darüber hinaus ist der Quelltext deutlich kompakter und übersichtlicher.

Heutzutage muss man bei den Hochsprachen zwischen interpretierten und kompilierten Sprachen unterscheiden. Beim Kompilieren wird der Quelltext (*menschenlesbare Programmieranweisungen*) in Maschinencode übersetzt. Zu dieser Kategorie zählen unter anderen C, C++, Delphi, uvm.

Im Gegensatz dazu werden interpretierte Sprachen von einem Programm, dem sogenannten Interpreter, ausgeführt. Hierzu wird der Quellcode direkt oder ein Zwischencode (*auch Bytecode genannt*) eingelesen, analysiert und ausgeführt. Das Programm wird also erst bei der Ausführung übersetzt. Dies ermöglicht es auch, dass das gleiche Programm unter verschiedenen Betriebssystemen laufen kann. In diese Kategorie fällt auch Python.

Die Vielfalt von Programmiersprachen bringt auch ein Problem mit sich - die Qual der Wahl. Welche Sprache(n) sollte man lernen und wo liegen die Vorteile der jeweiligen Sprachen? Grundsätzlich ist eine Programmiersprache ein Werkzeug und wie bei Werkzeugen üblich hat jedes Werkzeug einen Einsatzzweck sowie Vor- und Nachteile für bestimmte Anwendungen. Daher wollen wir uns im folgenden Abschnitt ansehen was Python so interessant macht.

Warum Python?

Obwohl ich Sie nach dem Kauf dieses Buches sicherlich nicht mehr von der Verwendung von Python als Programmiersprache überzeugen muss, will ich Ihnen dennoch die für mich persönlich wichtigsten Vorteile dieser Sprache nicht vorenthalten.

Python bietet eine einfache und gut verständliche Syntax. Dies ermöglicht es Anfängern schnell in die Python-Programmierung einzusteigen. Darüber hinaus ist Python aber sehr mächtig und bietet die Möglichkeit auch komplexe Aufgaben zu lösen und sogar in einem gewissen Maß maschinennahe zu programmieren. Wer also Python beherrscht kann sehr viel damit realisieren bevor er an dessen Grenzen stößt.

Dazu gibt es zahlreiche Zusatzmodule die man in seinen Programmen verwenden kann und die die tägliche Arbeit deutlich erleichtern. Dieser Zugriff auf einen großen Pool an fertigen Code den man nur noch verwenden muss um eine konkrete Aufgabe zu lösen ermöglicht die schnelle Entwicklung von eigenen Anwendungen.

In der Regel wird ein Programmierer nicht gezwungen übersichtlich formatierten und gut lesbaren Code zu schreiben. Dabei ist das ein sehr wichtiger Punkt. Natürlich ist Ihnen morgen und übermorgen noch vollkommen klar was Sie wie und warum gemacht haben - wie sieht es aber aus, wenn Sie alten Code nach Monaten wieder öffnen und daran weiterarbeiten wollen? Noch wichtiger wird es wenn mehrere Personen am gleichen Projekt arbeiten. Hier geht Python einen meiner Meinung nach sehr guten Weg. Python-Code verzichtet auf Anfangs- und Endmarkierungen für Code-Blöcke und verwendet dazu Einrückungen. Damit muss der Entwickler ein Mindestmaß an übersichtlicher Formatierung verwenden damit der Code korrekt ausgeführt werden kann. Das wiederum sorgt dafür, dass Anfänger von Beginn an lernen ordentlichen und übersichtlichen Programmcode zu schreiben.

Python nimmt uns Entwicklern einiges an Arbeit ab - so müssen wir uns nicht um die Reservierung oder die Freigabe von Arbeitsspeicher kümmern. Es werden auch Typenkonvertierungen automatisch vorgenommen sofern diese eindeutig sind. Etc.

Der Code ist plattformunabhängig und kann ohne Änderungen unter Linux, Mac OSX oder Windows laufen sofern wir ein paar Dinge bei der Entwicklung berücksichtigen.

Python ist vielseitig und ermöglicht es verschiedenste Projekte zu entwickeln. Neben richtigen Anwendungen mit oder ohne grafische Benutzeroberfläche kann man in Python Addons bzw. Plugins für diverse Anwendungen schreiben. Darüber hinaus lassen sich einfache kleine Wartungsscripts zur Automatisation wiederkehrender Aufgaben zB für die Systemverwaltung oder für Sicherheitstests schreiben und sogar Webapplikationen sind damit realisierbar.

Auf Grund der PSF-Lizenz, die es erlaubt den Python-Interpreter in kommerzielle Anwendungen einzubetten ist diese Sprache auch sehr attraktiv für kommerzielle Anwendungen.

Python konzentriert sich in den meisten Fällen darauf den Entwickler nur einen Weg anzubieten. Dadurch wird die Sprache noch einfacher und schneller zu lernen. Andere Sprachen bieten oft mehrere Sprachelemente, die für die gleiche Aufgabe einsetzbar wären. Das mag in Ausnahmefällen Sinn machen führt aber auch dazu, dass man nicht nur einen, sondern mehrere Wege erlernen muss um das gleiche Problem zu lösen.

Ich persönlich verwende in der Regel `if - elseif - else` Konstruktionen bei der PHP-Entwicklung für so gut wie alle Gelegenheiten. Einer meine Freelancer präferiert hingegen `switch - case` Konstruktionen. Würden wir beide das gleiche Problem lösen, dann würden wir dies mit unterschiedlichen Sprachelementen machen. In Python wird versucht an dieser Stelle die Sprachelemente zu vereinheitlichen und sorgt so dafür, dass man sich auch in den Quelltext von anderen Personen schneller einlesen kann.

Wir richten eine Arbeitsumgebung ein

Sie können Python-Programme natürlich in jedem Betriebssystem entwickeln. Ich werde Ihnen die Beispiele hier Großteils anhand einer Linux-Distribution erklären und würde Sie einladen, diesem Betriebssystem eine Chance zu geben falls Sie mit Windows oder Mac OSX arbeiten.

Die Gründe hierzu sind vielseitig - vor allem macht das Sinn wegen der einfachen Einrichtung und Installation diverser Dienste und dem offenen Aufbau des Systems. In vielerlei Hinsicht haben Sie die Möglichkeit einem Linux-System und darin laufenden Programmen genau auf die Finger zu schauen. Dadurch werden einige Dinge für uns Entwickler deutlich klarer.

Darüber hinaus laufen die meisten Webserver ebenfalls auf Linux. Daher macht es durchaus Sinn, seine Web-Anwendungen auf eben genau dieser Plattform zu testen und sich mit diesem System zu beschäftigen.

Für diejenigen, die keinen alten Rechner oder Laptop zur Verfügung haben und auch kein Linux-System mit Dual-Boot parallel installieren wollen, gibt es Einplatinencomputer. Für gut 50-60 EUR erhalten Sie einen Raspberry Pi 3 inklusive SD-Karte (*als Festplattenersatz*), Netzgerät und Gehäuse. Günstiger geht der Einstieg in die Linux-Welt kaum.

Wenn Sie sich für einen Respberry Pi entschieden haben kann ich Ihnen NOOBS ans Herz legen. NOOBS können Sie unter `https://www.raspberrypi.org/downloads/noobs/` kostenlos downloaden. Die ZIP-Datei können Sie einfach entpacken und die Dateien auf die SD-Karte kopieren. Wenn Sie nun bei booten des Raspberry die Shift-Taste auf der Tastatur gedrückt halten kommen Sie in den NOOBS Installationsdialog. Dort können Sie Raspian auswählen und installieren. In wenigen Minuten ist Ihr kleiner Linux-Rechner einsatzbereit.

Ich würde Ihnen raten eine Micro-SD Karte mit mindestens 16GB Speicherplatz zu kaufen!

Denjenigen, die Linux auf einem Zweitrechner ausprobieren wollen kann ich Linux Mint ans Herz legen. Dazu muss ich kurz erklären was es mit Linux und den Distributionen auf sich hat...

Linux an sich ist im Grunde nur der Betriebssystemkern, der frei verfügbar ist. Eine Linux-Distribution oder kurz Distro ist eine Softwarezusammenstellung. Hier wird der Kern des Betriebsystems mit einer Sammlung von vorinstallierten Programmen abgeboten. Viele Distros sind kostenlos und wieder andere beinhalten einen kostenpflichtigen Support. Der Grund für die vielen unterschiedlichen Distributionen liegt darin, dass meist eine gewisse Philosophie dahinter steckt.

Manche Distribution ist für den Serverbetrieb ausgelegt, andere richten sich an Pentester und wieder andere an Firmenkunden oder Privatanwender. Der Unterschied liegt hierbei vor allem in der Paketauswahl. Pakete sind Programme bzw. Programmteile, die in einem zentralen Update-Mechanismus enthalten sind.

Firmen suchen in der Regel nach einer Distribution für die langfristig Sicherheitsupdates zur Verfügung gestellt werden (*LTS - Long Term Support*) und verlangen weiters möglichst hohe Stabilität

vom System. Hier wird dann auch gern eine deutlich beschränktere Auswahl an Software, die dafür ausführlicher und länger getestet wurde in Kauf genommen. Daraus ergibt sich ebenfalls, dass die Pakete alle ein paar Versionen hinter der aktuellen Version hinterherhinken.
(zB Debian oder CentOS)

Privatanwender-Distros hingegen bieten meist eine größere Auswahl an Software-Paketen weil es nicht klar ist, was genau die User machen wollen. Hier reicht die Palette von einfachen Office-Anwendungen und Internetsurfen über das Spielen bis hin zu Video- und Photobearbeitung.
(zB Linux Mint)

Softwareentwickler hingegen wollen oftmals Zugriff auf die neuesten Paketversionen (*bleeding edge*) um diese schnellstmöglich zu testen und nehmen hier auch gern in Kauf, dass eine solche Distro nicht die stabilste Plattform bietet.
(zB Fedora)

Server-Versionen enthalten meist nur die allernötigsten Pakete und keine grafische Benutzeroberfläche. Hier gilt, dass jedes laufende Programm eine Sicherheitslücke enthalten könnte und somit ein Einfallstor für Angriffe darstellen kann. Daher wird hier die Software auf das beschränkt was wirklich benötigt wird.

Meine Empfehlung Linux Mint zu probieren basiert darauf, dass diese Distro einen guten Kompromiss aus Stabilität und Aktualität bietet. Darüber hinaus gibt es eine gute Community, die mit Rat und Tat zur Seite steht und den Einstieg erleichtert.

Eine Anleitung zur Installation und für die ersten Schritte finden Sie unter:
`https://linuxmint.com/documentation/user-guide/Cinnamon/german_18.0.pdf`

Natürlich können Sie aber auch mit Ihrem gewohnten Betriebssystem arbeiten. Bei der Auswahl der IDE (*Integrated Development Environment bzw. integrierte Entwicklungsumgebung auf deutsch*) habe ich darauf geachtet, dass diese für Windows, Mac OSX und Linux verfügbar ist. Gleiches ist selbstverständlich auch bei Python der Fall. Die jeweilige Installations-Datei für Ihr System können Sie unter `https://www.python.org/downloads/` herunterladen.

Bei Linux Mint 18.3 ist Python in der Version 3.5 bereits vorinstalliert. Allerdings fehlt `pip`. Dies können wir mit dem Kommando `sudo apt-get install python3-pip` installieren. Öffnen Sie dazu das Programm Terminal und geben Sie einfach diesen Befehl ein. Falls Sie eine andere Linux-Distribution nutzen, müssen Sie den jeweiligen Paketmanager verwenden.

Achtung Falle!
Wenn Sie im Terminal aufgefordert werden Ihr Passwort einzutippen dann sehen Sie nicht, dass Sie tippen. Lassen Sie sich nicht beirren und schreiben Sie einfach weiter. Nach bestätigen der Eingabe mit Enter wird der Befehl ausgeführt oder eine Fehlermeldung ausgegeben, wenn Sie sich vertippt haben.

Danach werden wir MS Visual Sudio Code von `https://code.visualstudio.com/download` herunterladen, installieren und einrichten. Für Linux Mint benötigen Sie das `.deb`-Paket.

Sobald Sie das Programm installiert haben können wir VS Code starten und mit der Einrichtung beginnen. Zuerst müssen wir die Python Erweiterung installieren. Dazu klicken Sie bitte auf das ⊞ - Symbol ganz links und dann tragen Sie `Python` in das Suchfeld ein wie Sie es in der Abbildung sehen.

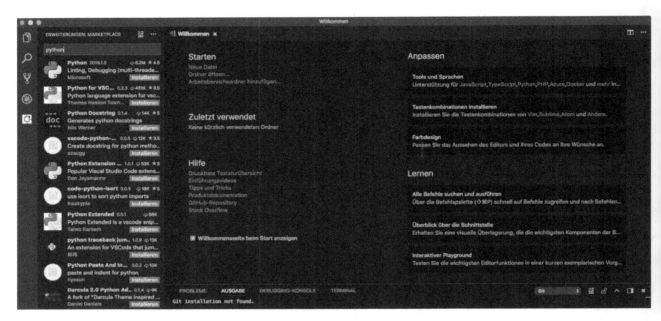

Die Installation von Python 2018.1 (`ms-python.python`) starten Sie mit einem Klick auf den grünen Installieren-Button.

Sobald das geschehen ist müssen Sie VS Code neu starten. Danach können Sie mit der Tastenkombination `Strg` + `Shift` + `P` die kontextbasierte Befehlszeile aufrufen. Dort tippen Sie `Python: Select` ein Sie sollten folgendes sehen:

Uns interessiert an dieser Stelle der Befehl `Python: Select Interpreter` mit dem wir in der Lage sind den gewünschten Interpreter in der gewünschten Version auszuwählen. Damit wird das Starten und Debuggen von Python-Code direkt aus der IDE möglich.

Da ich meine Bücher an einem Mac layoute habe ich aus praktischen Gründen die Screenshots auch an diesem Mac erstellt. Im Gegensatz zu Linux wurde hier zuerst der Python-Interpreter von System automatisch gewählt. Erst beim zweiten Aufruf des Befehles sah ich folgendes:

Hier kann ich nun aus allen gefundenen Python-Versionen die gewünschte auswählen. Ich verwende an dieser Stelle `/usr/local/bin/python3`. Da dies ein Link (*soetwas wie eine Verknüpfung unter Windows*) ist der immer auf die aktuellste Version von Python 3 zeigt, wird so nach einem Update immer der neueste Interpreter automatisch verwendet.

Abgesehen von einem unterschiedlichen Pfad funktioniert dieser Mechanismus unter Mac OSX und Linux gleich. Wie Sie so ein Verhalten unter Windows erreichen, müssen Sie selbst recherchieren.

Damit haben wir die Einrichtung soweit abgeschlossen.

Sie könnten Ihre Programme in jedem einfachen Text-Editor erstellen. Der Vorteil einer IDE liegt vor allem darin, dass Ihnen eine Eingabe-Hilfe beim Tippen Befehle und Variablennamen vorschlägt. Damit werden nicht nur Tippfehler reduziert, sondern Sie können auch nach Methoden und Eigenschaften in der Liste suchen. Das erspart oftmals den Blick in die Dokumentation. Außerdem erspart es ein wenig Tipparbeit.

Ein weiterer wichtiger Punkt ist der Debugger, der es erlaubt das Programm schrittweise zu durchlaufen und uns so hilft Fehler zu finden und zu beheben.

Datentypen

In der Programmierung unterscheiden wir zwischen verschiedenen Datentypen. Da ein Rechner intern nur mit den Werten 0 und 1 arbeitet (*binär*) muss er wissen wie er eine Folge von diesen Nullen und Einsen interpretieren soll. Genau dazu dienen die Datentypen.

Python ist gut darin selbst zu erkennen was genau der Programmierer bezweckt und daher ist es oftmals nicht nötig die benötigten Datentypen zu spezifizieren. Im Gegensatz dazu verlangen es viele Programmiersprachen dies bereits beim Anlegen einer Variable zu machen. Variablen sind übrigens im Arbeitsspeicher abgelegte Daten, die über einen vom Entwickler festgelegten Namen angesprochen werden können.

An dieser Stelle sollten wir kurz daüber Sprechen welche Regeln für die Variablennamen gelten. Ein Variablenname muss mit einem _ oder Buchstaben beginnen und darf keine Leerzeichen oder Sonderzeichen enthalten. In der Regel haben Variablen, die mit _ beginnen eine spezielle Bedeutung. Ab dem zweiten Zeichen sind auch Zahlen erlaubt. Die Verwendung von Umlauten ist zwar unter bestimmten Umständen möglich, aber ich würde Ihnen hiervon abraten.

Außerdem ist der Quellcode meiner Meinung nach besser lesbar wenn wir die Variablennamen auch in Englisch schreiben. Vergleichen Sie selbst...

```
if number not in numbers
if ziffer not in zahlen
```

Mich persönlich stört der permanente Wechsel zwischen zwei Sprachen beim lesen.

Besteht ein Variablenname aus mehreren Wörtern dann gibt es zwei Varianten die Lesbarkeit zu erhöhen:

```
user_rights = "Admin" # Underscore
userRights = "Admin" # camel case
```

Außerdem müssen Sie darauf achten, dass Sie keine Befehle oder Funktionsnamen von Python als Varaiblenname verwenden!

Variablennamen sollten aussagekräftig sein. Die nichtssagenden Namen wie var, a, b, s, usw., die ich bei den folgenden Beispielen verwende sind in der Praxis eher hinderlich. Solange ein Programm aus nur wenigen Zeilen besteht und man alles gleich im Blick hat stellt das kein großes Problem dar.

Bei einigen hunderten oder gar tausenden Zeilen ist es jedoch sehr mühsam, immer wieder zu suchen was nochmal genau in a, b oder x abgelegt wurde.

None

Dieser Datentyp wird verwendet wenn eine Variable noch keinen Wert hat oder deren Wert gelöscht werden soll.

Stellen Sie sich ein Programm vor bei dem eine Berechnung vorgenommen werden soll. Jetzt kann es vorkommen, dass diese Berechnung nicht durchführbar ist - also was liefern Sie in so einem Fall zurück?

0... Naja 3 - 3 = 0.

Oder -1? Aber 3 - 4 = -1!

Wir brauchen also einen Datentyp, der genau dazu da ist Nichts zu repräsentieren. Und so wird eine Variable mit dem Wert None angelegt.

```
var = None
```

Wichtig ist hierbei, dass der erste Buchstabe groß und die folgenden drei Buchstaben klein ge- schrieben werden. Alle anderen Schreibweisen würde zu einem Fehler führen:

```
var = none
```

liefert:

```
Traceback (most recent call last):
  File "demo1.py", line 50, in <module>
    var = none
NameError: name 'none' is not defined
```

VS Code weist Sie auch auf den Fehler mit der Farbe hin. So wird beispielsweise das Wort None in blau angezeigt. Falls wir none geschrieben haben bleibt dieses Wort weiß und somit wissen wir, dass wir einen Tippfehler gemacht haben.

String

Der String oder auch Zeichenkette genannt, ist ein Datentyp um Texte zu speichern und es gibt verschiedenste Möglichkeiten ihn in Python zu definieren und jede davon hat ihre Vor- und Nachteile:

```
var1 = "Hallo Welt"
```

Da wir hier die " verwenden ist es uns möglich Steuerzeichen einzufügen. So kann beispielsweise mit `var1 = "Hallo \nWelt"` ein Zeilenumbruch zwischen Hallo und Welt erzeugt werden. Die möglichen Steuerzeichen wären:

`\a`	Bell - Erzeugte einen Signalton.
`\b`	Backspace - setzt die Ausgabeposition um ein Zeichen zurück.
`\f`	Formfeed - erzeugt einen Seitenvorschub.
`\n`	Linefeed - setzt die Ausgabeposition in die nächste Zeile.
`\r`	Carriage Return - setzt die Ausgabeposition an den Anfang der aktuellen Zeile.
`\t`	Horizontal Tab (TAB) hat die gleiche Bedeutung wie die Tabulatortaste.
`\v`	Vertikaler Tabulator (VT); dient zur vertikalen Einrückung.
`\"`	Doppeltes Hochkomma (Nötig falls der Text in " definiert wurde)
`\'`	Einfaches Hochkomma (Nötig falls der Text in ' definiert wurde)
`\\`	Backslash, der wirklich als solcher in dem String erscheinen soll

Eine alternative Schreibweise wäre:

```
var2 = 'Hallo Welt'
```

Diese bietet sich an wenn der Text " enthalten soll, denn

```
var2 = 'Python sagt: "Hallo Welt"'
```

ist besser lesbar als

```
var2 = "Python sagt: \"Hallo Welt\""
```

Die dritte Variante wäre:

```
var3 = """Python sagt:
Hallo Welt"""
```

Damit lassen sich mehrzeilige Texte schnell und einfach definieren. Die Zeilenschaltungen zwischen """ und """ werden hierbei automatisch zum Teil des Strings.

Auf Zeichenketten kann man auch diverse Methoden anwenden.

Teilen

```
phone = "+43 / 1 / 123 456"
parts = phone.split("/", phone)
print(parts)
```

liefert: `['+43 ', ' 1 ', ' 123 456']`

Hierbei erhalten wir eine Liste. Was das ist sehen wir uns noch später an. An dieser Stelle fällt uns aber auf, dass wir zwar Ländervorwahl, Ortsvorwahl und Telefonnummer geteilt haben aber noch störende Leerzeichen in der Liste haben.

Als zweiten Parameter können wir `split()` die Anzahl der vorgenommenen Teilungen mitgeben und mit `parts = phone.split("/", 1)` beispielsweise nur die Ländervorwahl abtrennen. Analog dazu gibt es `rsplit()`, welches gleich arbeitet mit dem Unterschied, dass hierbei dann von rechts aus gezählt wird.

Zeichen entfernen bzw. ersetzen

```
phone = "+43 / 1 / 123 456"
print(phone.replace(" ", ""))
```

liefert: `+43/1/123456`

Hiermit wird jedes Leerzeichen durch einen leere Zeichenkette ersetzt - also entfernt.

Dabei gilt es zu beachten, dass eine Methode einen Rückgabewerte hat. Dieser wird in dem Fall an Print übergeben und damit auf dem Bildschirm ausgegeben. Hierbei wird der Wert von `phone` aber nicht verändert! Wollen wir diese Änderung in der Variable vornehmen, müssen wir

```
phone = "+43 / 1 / 123 456"
phone = phone.replace(" ", "")
print(phone)
```

schreiben! Dadurch wird der Inhalt der Variable überschrieben bevor diese ausgegeben wird.

Teilstrings finden

```
phone = "+43 / 1 / 123 456"
index = phone.find("3")
print(index)
```

liefert: `2`

Hierbei ist es wichtig zu wissen, dass Python wie alle anderen Programmiersprachen mit 0 zu zählen beginnt. Also stellt 2 den dritten Buchstaben dar! Analog dazu beginnt `rfind()` von rechts aus zu suchen.

Veränderung der Groß- und Kleinbuchstaben

```
var = "Text mit Groß- und Kleinschreibung"
print(var.lower())
print(var.upper())
print(var.capitalize())
print(var.swapcase())
print(var.title())
```

liefert:

```
text mit groß- und kleinschreibung
TEXT MIT GROSS- UND KLEINSCHREIBUNG
Text mit groß- und kleinschreibung
tEXT MIT gROSS- UND kLEINSCHREIBUNG
Text Mit Groß- Und Kleinschreibung
```

Entfernen von Whitespaces

```
var = "   Text mit Groß- und      Kleinschreibung    "
print("'" + var.strip() + "'")
```

Liefert: `'Text mit Groß- und      Kleinschreibung'`

Whitespaces sind nicht sichtbare Zeichen wie Leerzeichen, Tabulatoren, Zeilenschaltungen, etc. Lesen wir Dateien zeilenweise ein, dann sind die Zeilenschaltungen am Ende der Zeile im String enthalten. Mit `strip()` werden die Whitespaces links und rechts bis zum Beginn eines Textes gelöscht nicht aber mitten im Text.

Analog dazu arbeiten `lstrip()` und `rstrip()` nur auf der linken bzw. rechten Seite des Strings.

Formatierte Ausgabe

```
print("Die %s kostet %8.2f EUR" % ("Vase", 123.45678))
print("Das %s kostet %8.2f EUR" % ("Auto", 27980))
```

liefert:

```
Die Vase kostet   123.46 EUR
Das Auto kostet 27980.00 EUR
```

Hierbei wird der erste Parameter (`%s`) durch den ersten Eintrag in der folgenden Liste (`"Vase"`) ersetzt und der zweite Parameter (`%8.2f`) durch die jeweilige Zahl. Hierbei legt `8.2` fest, dass innsgesamt 8 Stellen inklusive 2 Nachkommastellen verwendet werden. Ist die Zahl kürzer dann wird diese mit Leerzeichen weiter eingerückt.

An dieser Stelle will ich Ihnen die wichtigsten Format-Zeichen nennen:

d	Ganzzahl mit Vorzeichen
o	Oktalzahl ohne Vorzeichen
u	Ganzzahl ohne Vorzeichen
x	Hexadezimalzahl ohne Vorzeichen (*in Kleinbuchstaben*)
e	Fließkommazahl im wissenschaftlichen Format (*kleines e*)
f	Fließkommazahl in Dezimalschreibweise
g	Fließkommazahl in wissenschaftlicher Schreibweise, wenn der Exponent kleiner als −4 ist, sonst in Dezimalschreibweise
c	Zeichen (*Strings der Länge 1 oder Ganzzahlen mit ASCII-Codes umwandeln*)
s	String (*macht aus jeder Instanz einen String mit der Funktion* `str()`)

Weitere Format-Anweisungen entnehmen Sie bitte der Dokumentation.

Prüfen auf diverse Eigenschaften

`var.isalnum()`	True, wenn alle Zeichen in `var` Buchstaben oder Ziffern sind
`var.isalpha()`	True, wenn alle Zeichen in `var` Buchstaben sind
`var.isdigit()`	True, wenn alle Zeichen in `var` Ziffern sind
`var.islower()`	True, wenn alle Zeichen in `var` Kleinbuchstaben sind
`var.isupper()`	True, wenn alle Zeichen in `var` Großbuchstaben sind
`var.isspace()`	True, wenn alle Zeichen in `var` Whitespaces sind
`var.startswith("x")`	True, wenn `var` mit x beginnt
`var.endswith("x")`	True, wenn `var` mit x endet

Diese Prüfungen sind vor allem bei der Validierung von Eingaben sehr hilfreich.

Darüber hinaus lässt sich ein String wie eine Liste aus Einzelbuchstaben behandeln. Welche Optionen dieses Verhalten ermöglicht, sehen Sie beim Datentyp Liste.

Ganzzahlen

Wie der Name schon sagt sind dies Zahlen, die keine Kommastellen beinhalten. Es ist essentiell wichtig zu verstehen, dass Kommazahlen und Ganzzahlen von einem Rechner unterschiedlich repräsentiert werden und daher muss der Rechner wissen, ob eine Binäre Kette aus Nullen und Einsen als Ganz- oder Kommazahl zu interpretieren ist.

Eine Ganzzahl kann in der dezimalen (*Basis 10*) oder hexadezimalen (*Basis 16*) Schreibweise angelegt werden:

```
d = 255
h = 0xFF
print (str(d) + " " + str(h))
```

liefert: 255 255

Um den Python-Interpreter kenntlich zu machen um welche Schreibweise es sich handelt, wird bei der Hexadezimalschreibweise ein 0x (*Null und kleines x*) vorangestellt.

Kommazahlen

Kommazahlen werden in der englischen Schreibweise (*Punkt als Kommatrenner*) angegeben. Außerdem ist es wichtig zu wissen dass Kommazahlen immer nur Näherungswerte sind und oftmals nicht unendlich genau sind.

```
f = 0.7
print (f)
print ("%22.20f" % f)
```

liefert:

```
0.7
0.69999999999999995559
```

Das liegt an der binären Arbeitsweise des Rechners. Fließkommazahlen werden als binäre Brüche dargestellt. Das Problem kennen wir, wenn wir $^1/_3$ als Dezimalzahl schreiben wollen dann erhalten wir 0.3333... Dies ist eine Annäherung und wir könnten Seitenweise weitere 3er ergänzen und würden dennoch niemals exakt $^1/_3$ erhalten.

Ähnlich verhält es sich bei den Binärbrüchen nur kommt dies dort deutlich öfter vor als im dezimalen System. In den meisten Fällen sollte dies auch nicht zum Problem werden. Bei einer sehr großen Anzahl an Kommazahlen die Aufsummiert werden kann dies aber zu kleinen Differenzen führen.

Hierzu ein kleines Beispiel:

```
f = 0
for i in range(0, 100000000):
    f += 0.7

print ("%11.2f" % f)

f = 0.7 * 100000000
print ("%11.2f" % f)
```

Die Ergebnisse sind:

```
70000000.13
70000000.00
```

Im ersten Abschnitt habe ich 100.000.000 mal die Zahl 0,7 addiert und das Ergebnis ist wieder erwarten 70.000.000,13 anstatt 70.000.000,00. Bei der einfachen Multiplikation der Werte wurde ein korrektes Ergebnis geliefert.

Das liegt daran, dass der Fehler sich nur bei den Nachkommastellen auswirkt und mit allen Kommastellen intern gerechnet wird. Wenn man nun eine ausreichend große Anzahl dieser falschen Zahlen aufsummiert kommt es unweigerlich zu Fehlern, die mit der Anzahl der Werte immer weiter anwachsen.

Wer also mit sehr großen Zahlenkolonnen arbeiten muss und dennoch keine Rechenfehler akzeptieren kann, muss hier auf eine andere Technik ausweichen. zB:

```
f = 0
for i in range(0, 100000001):
    f2 = int(0.7 * 100)
    f += f2

print ("%31.22f" % (f / 100))
print ("%31.22f" % f2)
```

liefert:

```
70000000.70000000298023223876950
      70.00000000000000000000000
```

Als Grundannahme habe ich in dem Fall eine kaufmännische Anwendung unterstellt. In dem Fall reicht es also mit Cent-Beträgen zu arbeiten und eine höhere Genauigkeit wird nicht benötigt.

Mit `f2 = int(0.7 * 100)` wandeln wir die EUR-Beträge in Cent um. Durch die Umwandlung in eine Ganzzahl mit `int()` werden zusätzlich alle Kommastellen verworfen. Somit ist ein Fließkomma-Fehler ausgeschlossen und wir addieren nur Ganzzahlen.

Abschließend bzw. bei der Ausgabe müssen wir danach nur die Summe durch 100 dividieren um wieder die benötigten 2 Kommastellen zu erhalten. Hierbei ergibt sich zwar wieder der Fließkomma Fehler, dieser ist in dem Fall aber nur einmalig durch die Division aufgetreten und beschränkt sich auf die neunte und darauf folgenden Nachkommastellen.

Bei dem Beispiel habe ich auch darauf geachtet, dass am Ende eine Kommazahl herauskommt. Andernfalls wäre hier gar kein Annäherungsfehler aufgetreten. Daher auch 100 Millionen und ein Durchlauf um die zusätzlichen 0,70 zu erzeugen.

Was genau `for` und `range()` machen werden wir bei den Kontrollstrukturen besprechen.

Boolean

Dies sind sogenannte Wahrheitswerte, die `True` (*richtig*) oder `False` (*falsch*) annehmen können.

```
b = 5 > 7
print(b)
```

liefert: `False`

Der Ausdruck 5 größer als 7 wird ausgewertet und auf seine Richtigkeit hin überprüft und das Ergebnis in `b` gespeichert. Solche Ausdrücke kommen eher bei Verzweigungen zum Tragen. Man kann Boolean-Werte aber auch gut dazu verwenden um sich Zustände zu merken.

Natürlich kann man auch direkt den Wert `True` oder `False` zuweisen:

```
documentChanged = True
```

Auch hier muss die Schreibweise exakt so sein - der erste Buchstabe wird groß und alle weiteren klein geschrieben. Anderfalls erhalten wir wieder einen Fehler...

```
var = false
```

liefert:

```
Traceback (most recent call last):
  File "demo1.py", line 50, in <module>
    var = false
NameError: name 'false' is not defined
```

Kleingeschrieben wird `false` nicht als reserviertes Wort erkannt und daher als Variablennamen gewertet. Hierbei beschwert sich der Interpreter, dass es keine Variable mit dem Namen `false` gibt.

Listen

Listen sind eine Sammlung von Werten die über ihren numerischen Index angesprochen werden können. Listen eigenen sich daher sehr zusammengehörige Daten zu gruppieren.

```python
names = ["Tom", "Lisa", "Mark"]
names.append("Maria")
names.insert(1, "Anna")
```

Das Anlegen einer Liste erfolgt wie bei anderen Variablen. Die Werte werden zwischen [und] mit Komma getrennt notiert. Hierbei kommen Strings wie gewohnt in Hochkomma und Zahlen werden ohne Hochkomma geschrieben. Mit `var = []` kann eine leere Liste angelegt werden.

Mit der `append()` Methode können Werte am Ende angehängt werden und mit `insert()` lassen sich Werte an einer bestimmten Position einfügen. Auch hier beginnt Python bei `0` zu zählen. Somit wird Anna als zweiter Eintrag (*Indexzahl 1*) eingefügt.

```python
print(names[0])              => Tom
print(names[-1])             => Maria
print(names)                 => ['Tom', 'Anna', 'Lisa', 'Mark', 'Maria']
```

Auf die einzelnen Werte der Einträge kann wieder mit der Indexzahl zugegriffen werden. Bei negativen Indexzahlen steht -1 für das letzte Element, -2 für das vorletzte Element, usw.

```python
print(len(names))            => 5
print(names.index("Lisa"))   => 2
print(names.index("Lisa"))   => ValueError: 'xxx' is not in list
```

Mit `len()` erhalten wir die Anzahl der Elemente und mit `index()` können wir die Indexzahl eines bestimmten Eintrags erhalten. Wenn wir Versuchen die Indexzahl von einem nicht existenten Eintrag zu erhalten meldet der Interpreter einen Fehler - siehe oben!

```python
print("xxx" in names)        => False
print("Tom" in names)        => True
```

Um zu prüfen ob ein Eintrag mit einem bestimmten Wert vorhanden ist, wird der `in` Operator verwendet.

```python
del(names[3])
print(", ".join(names))      => Tom, Anna, Lisa, Maria
```

Mit `del()` kann ein Eintrag aus der Liste entfernt werden. Außerdem sehen wir hier eine Besonderheit von Python. Alles ist ein sogenanntes Objekt und daher hat selbst ein einfacher String Methoden auf die man zugreifen kann.

Alternativ dazu kann man die `remove()` Methode verwenden. Hierbei kann der zu entfernende Wert übergeben werden und wir müssen die Indexzahl nicht kennen. zB: `l.remove("Tom")`

Mit der `join()` Methode kann dann jedes Element einer Liste zusammen mit einem Trennzeichen zu einem String verschmolzen werden.

```
names[0] = "Paul"
names.sort()
print(", ".join(names))            => Anna, Lisa, Maria, Paul
```

Natürlich können die Werte über die Indexzahl nicht nur abgerufen, sondern auch geändert werden. Mit `sort()` lässt sich die Liste sortieren. Diese Sortierung verändert die Liste dauerhaft. Das sollten Sie unbedingt bedenken! Soll die Sortierung lediglich temporär für eine Ausgabe erfolgen dann würde ich die Liste zuvor kopieren um den Urzustand zwischenzuspeichern.

```
l = [1, "abc", 2.5, True]
print(l)                           => [1, 'abc', 2.5, True]
l.reverse()
print(l.pop())                     => 1
print(l)                           => [True, 2.5, 'abc']
```

Listen dürfen auch unterschiedlichste Datentypen enthalten. Selbst weitere Listen. Dies macht beispielsweise Sinn um komplexere Datenstrukturen abzubilden. Mit `reverse()` lässt sich die Reihenfolge der Elemente umdrehen. Auch dies Veränderung ist dauerhaft.

Die Methode `pop()` sorgt dafür, dass das letzte Element zurückgegeben und gleichzeitig von der Liste entfernt wird. Wollen Sie lediglich auf den letzten Eintrag zugreifen dann können Sie dies mit einer negativen Indexzahl machen. So liefert `print(l[-1])` das letzte Element, `print(l[-2])` das vorletzte Element, usw. ohne es zu entfernen.

Slicing

```
print(names[1:3])                  => ['Lisa', 'Maria']
print(names[2:])                   => ['Maria', 'Paul']
print(names[1:-1])                 => ['Lisa', 'Maria']
```

Mit Slicing kann auf Teilstücke der Liste zugegriffen werden. Das Ergebnis ist hierbei wieder eine Liste. In der Ersten Zeile eine Liste der Einträge 2 bis exklusive 4 (*Indexzahl 1 bzw. 3*). Die Schreibweise ist hierbei `[von:bis]`. Auch hier bedeutet -1 wieder das letzte Element, -2 das vorletzte, usw. Es gilt zu beachten, dass das Element an der Position `bis` jedoch nicht mehr enthalten ist!

Wenn wir nur `[von:]` schreiben liefert Python automatisch eine Liste mit allen Elementen ab dieser Position bis zum Ende. In diesem Fall auch inklusive des letzten Elements!

```
names[1:3] = [1, 2, 3, 4]
print(names)                    => ['Anna', 1, 2, 3, 4, 'Paul']
names[1:5] = ""
print(names)                    => ['Anna', 'Paul']
```

Wir können Slicing auch verwenden um Elemente einzufügen, zu löschen oder zu überschreiben. Ist die Liste der neuen Einträge länger als der Bereich der gewählt wurde wird die Liste vergrößert oder im umgekehrten Fall gekürzt.

Listen erstellen aus Strings

Oftmals kommt es vor, dass wir Daten verarbeiten die an irgendeinem Zeichen getrennt werden können. Das können einfache kommaseparierte Listen, Logdateien oder sonst etwas sein.

```
l = "a,b,c".split(",")
print(l)                        => ['a', 'b', 'c']
```

Mit der split() Methode lassen sich solche Strings in eine Liste verwandeln. Als Parameter wird das Trennzeichen erwartet.

Listen aus Listen generieren (List Comprehensions)

```
listChars = ["a", "b", "c", "d"]
listNumbers = [ord(c) for c in listChars]
print(listNumbers)
```

liefert: `[97, 98, 99, 100]`

Hier wird quasi der Liste `listNumbers` nur der "Bauplan" übergeben.

Konventionell könnte man es auch so schreiben:

```
listNumbers = []
for c in listChars:
    listNumbers.append(ord(c))
```

Die List Comprehension ist so quasi eine Kurzschreibweise für diese drei Zeilen. Welche der Varianten Ihnen übersichtlicher erscheint überlasse ich Ihnen als Leser.

Der Ausbau ist wie folgt:

```
neueListe = [aktion for variable in alteListe]
```

Tupel

Tupel sind den Listen sehr ähnlich mit zwei Unterschieden. Tupel sind unveränderlich. Legt man ein Tupel mit 5 Elementen an, dann kann kein weiteres Element hinzugefügt oder eines der Elemente entfernt werden. Es ist nicht einmal das nachträgliche Ändern von Werten erlaubt. Dafür ist die Verarbeitung von Tupeln schneller als von Listen.

Genauso kann man dies aber auch nutzen um Daten vor unbeabsichtigtem Ändern zu schützen.

```
t = ("a", "b", "c", "a", "b")
print(t)                          => ('a', 'b', 'c', 'a', 'b')
```

Das anlegen erfolgt wie bei einer Liste mit dem Unterschied, dass (und) anstatt der eckigen Klammern verwendet werden.

```
print(t.index("c"))        => 2
print(len(t))              => 5
print(t.count("b"))        => 2
```

Mit index() können wir hier ebenfalls die Indexzahl eines Eintrages ermitteln und len() liefert wie gewohnt die Anzahl der Elemente.

Die Methode count() zählt wie oft ein Eintrag im Tupel vorkommt.

```
t2 = (1, "b", True)
print(t2)                         => (1, 'b', True)

t3 = (t, t2)
print(t3)                         => (('a', 'b', 'c', 'a', 'b'),(1, 'b', True))
```

Auch in Tupeln können verschiedenste Datentypen gemischt werden. Selbst eine Verschachtelung von Tupeln ist möglich.

Der + Operator arbeitet bei Listen und Tupeln wie bei Strings und fügt diese zusammen. Daher ist

```
t4 = t + t2
print(t4)                         => ('a', 'b', 'c', 'a', 'b', 1, 'b', True)
```

t4 nicht das selbe wie t3. Bei t3 wird ein übergeordnetes Tupel mit zwei Tupeln als Inhalt erstellt wobei in Fall von t4 die zwei Tupel zu einem neuen Tupel zusammengefügt werden.

```
t1 = (1,2,3)
t2 = (4,5,6)
t1 = t1 + t2
print(t1)                         => (1, 2, 3, 4, 5, 6)
```

Über den Umweg des Überschreibens sind Tupel dann zur Not auch änderbar.

```
t1 = t1[2:]
print(t1)                              => (3, 4, 5, 6)
```

Und mit dem Umweg des Überschreibens mit einem Slice können auch Elemente entfernt werden.

Die Möglichkeiten sind jedoch bei weitem weniger komfortabel und flexibel als bei Listen.

```
l = list(t1)
print(l)                               => [3, 4, 5, 6]
```

Sollten Sie die Flexibilität einer Liste benötigen lässt sich ein Tuple auch in eine Liste konvertieren. Den Umgekehrten Fall von der Liste zum Tuple erledigt `tuple()`.

Tupel und Listen entpacken

In Python gibt es eine recht praktische Kurzschreibweise um alle Werte eine Liste oder eines Tuples an Variablen zuzuweisen. Hier wird der erste Eintrag der ersten Variable, der zweite Eintrag der zweiten Variable, usw. zugewiesen.

```
t = ("a", 2.7, 33)
var1, var2, var3 = t

print(var1)                            => a
print(var2)                            => 2.7
print(var3)                            => 33
```

Wichtig ist hierbei, dass die Anzahl der Variablen mit der Anzahl der Elemente übereinstimmt

```
t2 = ("a", 2.7, 33, "ddd")
var1, var2, var3 = t2
```

sonst bekommen wir eine Fehlermeldung:

```
Traceback (most recent call last):
  File "demo1.py", line 3, in <module>
    var1, var2, var3 = t2
ValueError: too many values to unpack (expected 3)
```

Dictionary

Stellen Sie sich vor Sie haben es mit komplexeren Datenstrukturen zu tun. Nehmen wir dazu ein Adressbuch als Beispiel. Solange es nur Vorname, Nachname und Telefonnummer enthält können diese drei Felder auch gut noch mit 0, 1 und 2 angesprochen werden.

Kommen dann viele weitere Felder wie Telefon geschäftlich, Mobiltelefon, Fax, Email, Geburtstag, Adresse privat und geschäftlich, etc. hinzu wird es langsam aber sicher mit den Indexzahlen schwierig.

Ein Dictionary ist eine Liste, die anstatt der Indexzahlen sogenannte Keys verwendet. Dies müssen eindeutige Bezeichner sein, können aber frei gewählt werden.

```
d = {"name" : "M. Muster", "phone"  : "+431123456", "email" : "max@muster.at"}
```

Im Grunde ist die Anlage wie bei einer Liste mit dem Unterschied, dass hier { und } anstatt der eckigen Klammern verwendet werden. Des weiteren muss nun auch der Key angegeben werden. Das erfolgt in der Schreibweise `Key : Wert` und die jeweiligen Schlüssel-Wert-Paare werden wie bei Listen mit Komma getrennt.

```
d = {
        "name"  : "M. Muster",
        "phone" : "+431123456",
        "email" : "max@muster.at"
    }
```

Diese alternative Schreibweise ist vor allem bei längeren Dictionaries deutlich übersichtlicher.

```
print(d.values())         => ['M. Muster', '+431123456', 'max@muster.at']
print(d.keys())           => ['name', 'phone', 'email']
```

Mit den oben gezeigten Methoden erhalten Sie eine Liste aller Schlüssel oder aller Werte.

Einfügen von neuen Schlüssel-Werte-Paaren ist mit diesen zwei Varianten möglich:

```
d['street'] = "Wiener Str. 102"
d.update({"zip": 2244})
```

Auf einen bestimmten Wert wird mit Hilfe des Schlüssels zugegriffen:

```
print(d['name'])          => M. Muster
print(d['gibtsNicht'])    => KeyError: 'gibtsNicht'
```

Hier wird der Interpreter das Programm abberechen, wenn der Schlüssel nicht gefunden wird. An dieser Stelle müssten wir im Zweifelsfall die Prüfung selbst schreiben:

```
if "gibtsNicht" in d.keys():
    print(d['gibtsNicht'])
else:
    print ("gibtsNicht nicht gefunden")
```

Damit würde an der Stelle `gibtsNicht nicht gefunden` ausgegeben und das Programm würde nicht abgebrochen werden. Was `if` und `else` genau machen werden wir später noch besprechen.

Als Alternative wäre da `defaultdict` aus dem Modul `collections` zu nennen. Dies ist ein spezielles Dictionary, den Sie eine Funktion übergeben können, die immer dann ausgeführt wird, wenn ein Key noch nicht existiert. Damit wird der Key dann mit einem Default-Wert angelegt bevor darauf zugegriffen wird und so verhindert, dass ein Fehler auftritt.

Beim nachfolgenden Zugriff wird dann logischer Weise dieser Standard-Wert zurückgeliefert.

Da wir aber noch nicht geklärt haben was Module, Funktionen, Parameterübergaben, etc. alles sind, will ich es hier nur kurz erwähnen. Sie können sich später die Dokumentation zu `defaultdict` ansehen.

Es gibt aber noch einen weiteren Weg auf die Werte zuzugreifen - über die `get()` Methode:

```
print(d.get('name'))          => M. Muster
print(d.get('gibtsNicht'))    => None
```

Die Methode prüft selbst intern ob der Schlüssel vorhanden ist und liefert entweder den Wert oder `None` wenn der Schlüssel nicht existiert.

Wenn man sicher ist, dass ein Element vorhanden sein muss, dann würde ich die erste Schreibweise verwenden da mich der Interpreter an dieser Stelle vor Tippfehlern warnt. Genauso gilt das für Fälle in denen der weitere Programmablauf davon abhängt, dass hier ein gültiger Wert geliefert wird.

Wenn man mit Schlüsseln arbeitet die aus einer Datei ausgelesen oder vom Nutzer angegeben werden können - sprich der Programmierer keine Kontrolle darüber hat welche Schlüssel existieren könnten - ist die `get()` Methode eine nützliche Option.

Außerdem bietet sich diese Methode an, um Werte mit einander abzugleichen. Dazu schreiben wir einen kleinen Passwort-Knacker:

```
hash_user = {}
hash_user["e10adc3949ba59abbe56e057f20f883e"] = "mmuster"
hash_user["f0104fd5187748fb2429e2ccfe418450"] = "pauli17"
hash_user["a0309c3b178755d2a492fe32fa4274ba"] = "user321"

hash_pass = {}
hash_pass["f0104fd5187748fb2429e2ccfe418450"] = "014888"
hash_pass["e10adc3949ba59abbe56e057f20f883e"] = "123456"
hash_pass["64407c1a56c15d2ea1b5ac45a8620233"] = "013143"
hash_pass["90721bb2d1fea86623442c1c9b308054"] = "01060710"
hash_pass["f0ab78f46031b46d57b1da89638e77eb"] = "00simba"

for hash in hash_user:
        print(hash_user[hash] + " == " + str(hash_pass.get(hash)))
```

Dieses Script liefert:

```
mmuster == 123456
pauli17 == 014888
user321 == None
```

Hier wird also nur durch das richtige Sortieren der Daten ein Abgleich der Schlüssel möglich.

Sonst gilt im Grunde was wir bei Listen und Tuples gesagt haben.

Wie gezeigt sind Dictionaries auch dann ideal wenn wir die Zuordnung zweier Werte zu einander Speichern wollen - zB Ländervorwahl und Ländername, PLZ und Stadt oder wie oben gezeigt verschlüsseltes Passwort zu Username bzw. verschlüsseltes Passwort zu Klartext-Passwort.

Set

Das Set ist darauf hin optimiert Daten zu filtern und im Set nach Einträgen zu suchen. Immer wenn es nicht darauf ankommt wo und wie oft etwas vorkommt dann ist das Set optimal. Denn die Besonderheit dieses Datentyps ist, dass jeder Wert nur einmal darin vorkommen kann.

Außerdem kann man den Set ohne jegliche Prüfung Daten hinzufügen und sich darauf verlassen, dass das Set jeden Eintrag nur einmal enthält.

Sehen wir uns an wie man damit arbeitet:

```
l = ["a", "c"]
s = {"a", "c"}
l.append("b")
s.add("b")
print(l)                => ['a', 'c', 'b']
print(s)                => {'b', 'a', 'c'}

l.append("c")
s.add("c")
print(l)                => ['a', 'c', 'b', 'c']
print(s)                => {'b', 'a', 'c'}
```

Hier vergleichen wir die Liste l und das Set s miteinander... Zuerst merken wir, dass wir uns im Gegensatz zur Liste nicht darauf verlassen können, dass die Reihenfolge eingehalten wird.

```
['a', 'c', 'b'] vs. {'b', 'a', 'c'}
```

Das Set wird wie ein Dictionary angelegt mit dem Unterschied, dass anstatt eines `Key : Value` Paares nur ein Wert angegeben wird. Außerdem ignoriert ein Set das Hinzufügen eines neuen Eintrages wenn der Wert schon vorhanden ist. Es wird auch keine Exception geworfen der doppelte Eintrag ist einfach nicht da.

```
entry = s.pop()         => a
print(entry)
print(s)                => {'b', 'c'}
print(len(s))           => 2

s.remove("c")
print(s)                => {'b'}

print("b" in s)         => True
```

Die Methoden `pop()`, `remove()` und `len()` arbeiten genau wie bei den Listen auch. Mit den `in` Operator können wir auf das Vorhandensein eines Eintrags prüfen.

```
var1 = {}
var2 = set()

print(type(var1))
print(type(var2))
```

liefert:

```
<class 'dict'>
<class 'set'>
```

Achtung Falle!
Da `{}` schon für ein leeres Dictionary steht müssen wir zum anlegen eines neuen Sets die Funktion `set()` verwenden.

Bei der Zuweisung `s = {"a", "c"}` ist auf Grund der Schreibweise eindeutig was gemeint ist - ein Set hat nur einen Wert und ein Dictionary dagegen zwei. Daher kann der Interpreter zuverlässig unterscheiden welchen Datentyp der Programmierer meint.

Operatoren

Mathematische Operatoren

```
print(1 + 2)        => 3 (Addition)
print(4 - 3)        => 1 (Subtraktion)
print(5 * 6)        => 30 (Multiplikation)
print(7 / 8)        => 0.875 (Division)
```

Soweit sollten die Ausgaben der Grundrechnungsarten nicht besonders verblüffen. Natürlich kann man nicht nur mit selbst eingegebenen Zahlen sondern auch mit den Werten von Variablen rechnen.

```
print(10 % 3)       => 1 (10 geteilt durch 3 ergibt 3 Rest 1)
```

Das %-Zeichen ist der Modulo-Operator. Dieser liefert den Rest der Division.

```
print(10 // 3)      => 3 (10 geteilt durch 3 ergibt 3 Rest 1)
```

Die Ganzzahldivision arbeitet wie der Modulo-Operator nur wird hier das Ergebnis und nicht der Rest geliefert.

```
print(1 + 1 * 3)    => 4 (3 mal 1 ist 3 plus 1 ergibt 4)
print((1 + 1) * 3)  => 6 (1 plus 1 ist 2 mal 3 ergibt 6)
```

Auch in Python gilt Punkt- vor Strichrechnung. Wenn wir von dieser Regel abweichen müssen oder wollen, dann ist das mit einer entsprechenden Klammerung möglich. Die Berechnungen in der Klammer werden immer zuerst ausgeführt.

```
h = "Hallo"
w = "Welt"
print(h + " " + w)  => Hallo Welt
```

Der + Operator kommt auch im Verbindung mit Texten zum Einsatz. In diesem Fall werden Texte aneinandergereiht. Wir müssen uns unbedingt merken, dass Operatoren abhängig von den Datentypen anders arbeiten.

```
print(10 ** 3)      => 1000 (10 hoch 3 ist 1000)
```

Die Exponentiation multipliziert die erste Zahl mit sich selbst. Die Anzahl dieser Multiplikationen wird mit der zweiten Zahl festgelegt.

Bitweise Operatoren

```
a = 2
b = 6

print(a & b)        => 2 (Bitweise Und-Verknüpfung AND)
print(a | b)        => 6 (Bitweise Oder-Verknüpfung OR)
print(a ^ b)        => 4 (Bitweise Exklusiv-Oder-Verknüpfung XOR)
```

Schauen wir uns einmal die Zahlen 2 und 6 binär an:

	AND	OR	XOR
2	0010	0010	0010
6	0110	0110	0110
Ergebnis	0010	0110	0100

Die Binärzahl 0110 kann man als 0 mal 8 + 1 mal 4 + 1 mal 2 + 0 mal 1 lesen.

Die AND-Verknüpfung ist nur dann erfüllt wenn an beiden Stellen eine Eins steht. Daher ist das Ergebnis 0010 oder 2 in dezimaler Schreibweise.

Bei der OR-Verknüpfung entsteht im Ergebnis eine Eins wenn an einer oder beiden Stellen eine Eins steht. Derher ergibt sich wieder 6 bzw. 0110.

Beim XOR ist die Bedingung nur erfüllt, wenn an einer der Stellen eine Eins und an der anderen eine Null steht. Stünden an beiden Stellen Einsen oder Nullen dann ergibt das wieder 0. Dadurch kommt das Ergebnis 4 (0100) zu Stande.

```
print(b >> 1)       => 3
print(b << 1)       => 12
```

Der Schiebe-Operator verschiebt die Bits um eine Anzahl von Stellen (*hier 1*) nach Links oder Rechts.

	Ursprungswert	>> 1	<< 1
Binär	0110	0011	1100
Dezimal	6	3	12

Logische Operatoren

Logische Operatoren werden in der Regel dazu verwendet, Vergleiche zu Verknüpfen und arbeiten mit Boolean-Werten.

Wert 1	True	True	False	False
Wert 2	True	False	True	False
and	**True**	**Flase**	**False**	**False**

Im Grunde haben wir hier das gleiche Verhalten wie bei den bitweisen Operatoren zuvor. Der AND-Operator ist nur dann erfüllt, wenn beide Werte True sind. In jedem Anderen Fall wird False geliefert.

Wert 1	True	True	False	False
Wert 2	True	False	True	False
or	**True**	**True**	**True**	**False**

Der OR-Operator liefert True wenn einer oder beide Werte True sind und nur dann ein False wenn beide Werte False sind.

Wert 1	True	True	False	False
Wert 2	True	False	True	False
!=	**False**	**True**	**True**	**False**

Wenn Sie nun einen logischen XOR-Operator vermissen, dann kommt hier wieder die Vereinheitlichung der Lösungswege von Python durch. Diesen logischen Operator gibt es nicht aber dafür kann der Ungleich-Operator != verwendet werden.

Wichtig hierbei ist das beide Werte auch Boolean-Werte sind. Hierzu ein Beispiel:

```
print(5 != 6)                  => True
print(bool(5) != bool(6))      => False
```

Natürlich ist 5 nicht gleich 6 und daher ist die erste Ausgabe vollkommen logisch. Bei der Umwandlung in den Typ Boolean werden jedoch 5 als auch 6 jeweils zu True und daher wird in diesem Fall False zurückgegeben.

Der Operator not negiert einen Boolean-Wert und liefert das Gegenteil. not True ergibt False.

Vergleichsoperatoren

Diese Operatoren dienen dazu Werte mit einander zu vergleichen. Dazu zählen die folgenden Operatoren:

`<`	kleiner
`<=`	kleiner oder gleich
`>`	größer
`>=`	größer oder gleich
`!=`	ungleich
`==`	gleich
`is`	gleiche Instanz
`in`	Element einer Liste / Teilstring

Die Operatoren lassen sich sowohl auf Strings

```
print("aab" > "aad")        => False
print("aab" < "aad")        => True
print("aab" >= "aad")       => False
print("aab" <= "aad")       => True
print("aab" == "aad")       => False
print("aab" != "aad")       => True
```

als auch auf Zahlen anwenden

```
print(5 > 4)        => True
print(5 < 4)        => False
print(5 >= 4)       => True
print(5 <= 4)       => False
print(5 == 4)       => False
print(5 != 4)       => True
```

Bei Strings wird dem Zahlenwert der jeweils ersten Buchstaben verglichen, stimmt dieser überein, wird der selbe Vergleich mit den jeweils zweiten Buchstaben gemacht. Dies wird bis zu einem Unterschied durchgeführt oder bis die ganzen Zeichen durchlaufen sind.

```
print("3" < "A")        => True
print("d" < "Z")        => False
print("D" < "z")        => True
print("ä" < "z")        => False
```

Betrachten wir diese Ergebnisse einmal genauer dann kommen die Ziffern vor den Großbuchstaben da 3 kleiner ist als A. Das die Großbuchstaben vor den Kleinbuchstaben kommen sehen wir daran, dass "D" < "z" auch `True` liefert. Da "ä" < "z" ein `False` liefert ist auch klar, dass die Umlaute nach den eigentlichen Buchstaben kommen.

Auf diese Eigenarten muss man achten, wenn man mit den <, <=, > und >= Operatoren bei Strings hantiert.

```
a = 5
b = 2.5 * 2

print(a == b)          => True
print(a is b)          => False
```

Der Vergleichsoperator (==) arbeitet lediglich mit den Werten. Daher überrascht es nicht, dass 5 das gleiche ist wie 2 x 2 $^1/_2$.

Der is-Operator hingegen prüft ob die ID des Wertes im Speicher übereinstimmt. Dazu müssen wir uns kurz ansehen wie Python Werte im Speicher ablegt.

```
a = 5
b = 3 + 2
print(str(id(a)))      => 4297644544
print(str(id(b)))      => 4297644544
print(a is b)          => True
```

Beide Variablen zeigen also auf den gleichen Wert im Speicher. Python versucht so effizient wie möglich zu arbeiten und da es nach der Ausführung von a = 5 den Wert 5 schon im Speicher gibt macht es wenig Sinn für eine weitere 5 im Speicher Platz zu reservieren und den Wert doppelt vorzuhalten. Es ist schneller in dem Fall beide Variablen auf die gleiche ID im Speicher zeigen zu lassen.

```
b = 2.5 * 2
print(str(id(b)))      => 4322300120
print(a is b)          => False
```

Ändert sich der Wert oder Datentyp von b nun dann wird die 5.0 im Speicher mit einer eigenen ID angelegt und b mit der neuen ID verknüpft.

Daher kann der is-Operator auch sicherstellen, dass eine Variable nicht nur den gleichen Wert hat, sondern auch vom gleichen Datentyp ist. Das muss ja auch so sein, wenn beide Variablen den gleichen Bereich im Speicher referenzieren.

Alternativ wäre auch

```
print(type(a) == type(b))
```

eine Prüfung des Datentyps alleine machbar.

Zuweisungsoperator

Ohne zu wissen wie dieser Operator heißt haben wir damit schon sehr oft gearbeitet... Das einfache = Zeichen wird verwendet um einer Variable einen Wert zuzuweisen.

```
var1 = "Wert"
var2 = 123
print(var2)                 => 123

var2 = var1
print(var2)                 => Wert
print(str(id(var1)))        => 4324866008
print(str(id(var2)))        => 4324866008
```

Hierbei können wir einen Wert direkt zuweisen (var2 = 123) oder den Wert einer Variable zuweisen (var2 = var1).

```
var2 = "abc"
print(var1 + " " + var2)    => Wert abc
print(str(id(var1)))        => 4324866008
print(str(id(var2)))        => 4320943832
```

Wenn wir einer Variable den Wert einer anderen zuweisen (var2 = var1) dann sind diese Variablen danach immer noch unabhängig von einander... Wenn in weiterer Folge var2 wieder geändert wird (var2 = "abc") bleibt var1 davon unberührt.

Anfänger werden oft davon verwirrt, dass nach einer Zuweisung wie var2 = var1 beide Variablen auf die gleiche ID zeigen. Dies ist jedoch nur temporär solange bis sich der Wert von var2 ändert. Sobald das geschieht wird ein neuer Speicherbereich mit einer neuen ID erstellt und var2 zugewiesen.

var1 bleibt wie man sieht davon unberührt.

Typenkonvertierung

In vielen Fällen, wenn es eindeutig klar ist was der Entwickler will, nimmt uns Python die Typenkonvertierung ab. Dies ist im Vergleich zu manch anderer Programmiersprache recht komfortabel.

```
a = 10
b = 10
print(str(b) + " == " + str(type(b)))    => 10 == <class 'int'>

b = a * 2.1
print(str(b) + " == " + str(type(b)))    => 21.0 == <class 'float'>

b = a * 3.55
print(str(b) + " == " + str(type(b)))    => 35.5 == <class 'float'>

b = "3.55"
print(b + " == " + str(type(b)))         => 3.55 == <class 'str'>
```

Beim überschreiben der Variable von Hand wie in den letzten drei Zuweisungen wird der Typ automatisch konvertiert. Auch hier haben wir einen Vorteil gegenüber manch anderen Sprachen wo man den Variablentyp schon beim ersten Anlegen vordefinieren muss und alle Konvertierungen von Hand vornehmen muss.

Bei anderen Fällen ist aber nicht eindeutig klar, was Python machen soll...

```
s = "b"
print(s + 3)
```

liefert:

```
Traceback (most recent call last):
  File "demo1.py", line 7, in <module>
    print(s + 3)
TypeError: must be str, not int
```

Der `TypeError` sagt uns, dass wir einen String brauchen. In diesem Fall ist die Meldung wenig hilfreich weil diese den Fehler nicht wirklich beschreibt. Besser wäre eine Meldung die sagt, dass eine eindeutige Typenkonvertierung von Hand nötig ist.

Wir versuchen an dieser Stelle b und 3 mit dem + Operator zu verbinden. Wenn wir uns zurücker-innern dann kann der + Operator Zahlen addieren und Strings verbinden. An dieser Stelle liefern wir dem Interpreter aber eine Zahl und einen String also weiß er nicht ob er nun b3 liefern soll, b als Hexadezimalwert für 11 nehmen soll und damit 14 liefern oder sollte er gar den ASCII-Wert von b - die Zahl 98 - mit 3 addieren und dann 101 als Ergebnis liefern.

Daher sagt uns Python mit einem `TypeError` "Lieber Programmierer deine Anweisung ist mehrdeutig - kümmere dich selber um die Typenkonvertierung".

Wenn wir `print(s + str(3))` schreiben ist es eindeutig und wir erhalten `b3` als Ausgabe.

Die gängisten Möglichkeiten sind:

`int(var)`	Konvertiert `var` in eine Ganzzahl
`float(var)`	Konvertiert `var` in eine Fließkommazahl
`str(var)`	Konvertiert Objekt `var` in eine String-Darstellung
`repr(var)`	Konvertiert Objekt `var` in einen String-Ausdruck
`eval(var)`	Wertet String `var` aus und gibt ein Objekt zurück
`tuple(var)`	Konvertiert Sequenz `var` in ein Tupel
`list(var)`	Konvertiert Sequenz `var` in eine Liste
`chr(var)`	Konvertiert die Ganzzahl `var` in ein Zeichen
`ord(var)`	Konvertiert das Zeichen in `var` in dessen Zahlwert

Also hier nochmals die zuvor genannten 3 Varianten:

```
s = "b"
print(s + str(3))               => b3
print(int(s, 16) + 3)           => 14
print(ord(s) + 3)               => 101
```

Durch die Angabe von `16` innerhalb der `int()` Funktion als zweiten Parameter wird Python mitgeteilt, dass mit der Basis 16 also hexadezimal gearbeitet werden soll. Ein `print(int("110", 2) + 3)` würde dann `9` liefern weil `110` in binärer Schreibweise die Zahl 6 ergibt wie wir schon bei den bitweisen Operatoren festgestellt hatten.

Bei der Umwandlung von Kommazahlen zu Ganzzahlen werden die Kommastellen direkt verworfen. Dies entspricht einem Abrunden.

```
f = 3.8
print(str(int(f)))              => 3
print(str(int(f) + int(f)))     => 6
print(str(int(f + f)))          => 7
```

Wir müssen also in solchen Fällen unbedingt darauf achten wann wir eine Konvertierung durchführen. Vergleichen Sie dazu die Ergebnisse von Zeile 2 und 3.

Wiederholungen & Verzweigungen

In quasi jedem Programm kommt es vor, dass auf bestimmte Umstände reagiert werden muss, sei es eine Benutzereingabe oder das Auftreten eines bestimmten Wertes in einer Datei die verarbeitet wird.

Darüber hinaus ist es auch sehr oft der Fall, dass bestimmte Schritte eines Programmes mehrfach wiederholt werden müssen.

```
for i in range(1,4):
    print(str(i)+": ", end="")
    if i == 2:
        print("i ist 2")
    elif i > 2:
        print("i ist größer als 2")
    elif i >= 2:
        print("größer oder gleich 2")
    else:
        print("nichts anderes trifft zu")
```

liefert:

```
1: nichts anderes trifft zu
2: i ist 2
3: i ist größer als 2
```

Die ersten beiden Zeilen liefern die Zahlen 1 bis 3 am Anfang der Ausgabe. Die for-Schleife bietet sich an, wenn wir eine bestimmte Anzahl von Wiederholungen durchführen wollen. Schleifen wiederholen einen Block von Anweisungen entweder für eine vordefinierte Anzahl an Wiederholungen oder bis ein bestimmter Fall (*auch Abbruchbedingung genannt*) eintritt.

Danach folgen die verschiedenen Verzweigungen. Die einfachste Variante wäre ein if-Block ohne elif und ohne else. Wenn die Bedingung vom if-Block zutrifft wird der eingerückte Anweisungsblock ausgeführt.

Falls nicht, werden der Reihe nach die Bedingungen des ersten, zweiten, dritten, n-ten elif-Blockes geprüft. Tifft eine der Bedingungen zu, dann wird dieser Block ausgeführt. Wenn nicht, dann geht die Prüfung mit dem nächsten elif-Block weiter. Trifft keine einzige Bedingung zu dann werden die Anweisungen des else-Block ausgeführt.

Wir prüfen hier ob i gleich 2, größer als 2 und größer oder gleich 2 ist. Wenn die Schleife das erste mal durchlaufen wird trifft keine der Bedingungen zu. Daher wird der else-Block ausgeführt.

Beim zweiten Durchlauf entspricht `i` der Zahl 2 und der `if`-Block wird ausgeführt. Danach werden alle weiteren Prüfungen abgebrochen. Obwohl `i >= 2` auch zutrifft kommt das Programm gar nicht dazu den Code auszuführen da zuvor schon `i == 2` gegriffen hat.

Es ist wichtig, dass Sie sich dieses Verhalten merken. Bei einer `if-elif-else` Konstruktion kann nur einer der Blöcke zur Ausführung kommen.

Beim dritten Durchlauf `i > 2` greift bevor die `i >= 2` überhaupt geprüft wird. Daher kommt auch hier wieder nur `i ist größer als 2` zur Ausgabe. Hier würde der letzte `elif`-Block niemals greifen.

Daher bietet sich eine derartige Konstruktion immer da an, wo es nur einen richtigen Block für einen bestimmten Fall gibt.

Wollen wir das mehrere Bedingungen greifen können, müssen wir mehrere `if`-Blöcke verwenden:

```
for i in range(1,4):
    print(str(i)+": ", end="")
    if i == 2:
        print("i ist 2, ", end="")
    if i > 2:
        print("i ist größer als 2, ", end="")
    if i >= 2:
        print("i ist größer oder gleich 2", end="")
    print("")
```

liefert:

```
1:
2: i ist 2, i ist größer oder gleich 2
3: i ist größer als 2, i ist größer oder gleich 2
```

Hier haben wir zwar erreicht, dass alle Prüfungen durchgeführt wurden und dass nun alle möglichen Fälle nun greifen aber wir können keinen `else`-Block mehr verwenden. `elif`- und `else`-Blöcke gehören immer zu einem `if`-Block und können nicht für sich alleine stehen.

In diesem Fall würde ein

```
    if i >= 2:
        print("i ist größer oder gleich 2", end="")
    else:
        print("nichts anderes trifft zu", end="")
```

zwar zum richtigen Ergebnis führen - das ist allerdings Zufall:

```
1: nichts anderes trifft zu
2: i ist 2, i ist größer oder gleich 2
3: i ist größer als 2, i ist größer oder gleich 2
```

Ändern wir die letzte Bedingung auf `i >= 3` ab dann sehen wir genau, dass der `else`-Block nur für das letzte `if` gilt:

```
for i in range(1,4):
    print(str(i)+": ", end="")
    if i == 2:
        print("i ist 2, ", end="")
    if i > 2:
        print("i ist größer als 2, ", end="")
    if i >= 3:
        print("i ist größer oder gleich 3", end="")
    else:
        print("nichts anderes trifft zu", end="")
    print("")
```

liefert:

```
1: nichts anderes trifft zu
2: i ist 2, nichts anderes trifft zu
3: i ist größer als 2, i ist größer oder gleich 3
```

Bei 2 trifft definitiv eine andere Bedingung auch zu.

In so einem Fall müssen wir uns irgendwie merken ob einer der `if`-Blöcke gegriffen hat und dann mit einem weiteren `if`-Block auf Basis der zwischengespeicherten Info entscheiden, ob unsere Default-Ausgabe erfolgt oder nicht.

```
for i in range(1,4):
    print(str(i)+": ", end="")
    someIfWorked = False
    if i == 2:
        print("i ist 2, ", end="")
        someIfWorked = True
    if i > 2:
        print("i ist größer als 2, ", end="")
        someIfWorked = True
    if i >= 2:
        print("i ist größer oder gleich 2", end="")
        someIfWorked = True
    if not someIfWorked:
        print("nichts anderes trifft zu", end="")
    print("")
```

liefert:

```
1: nichts anderes trifft zu
2: i ist 2, i ist größer oder gleich 2
3: i ist größer als 2, i ist größer oder gleich 2
```

Bei jedem Durchlauf der Schleife setzen wir someIfWorked auf False. Innerhalb eines jeden if-Blockes überschreiben wir die Variable mit True. Wenn nun someIfWorked beim erreichen des letzten if-Blockes immer noch False ist (if not someIfWorked) dann wird ausgegeben, dass nichts anderes zutrifft.

Wichtig ist es vor allem in der Schleife bei jeder Wiederholung someIfWorked auf False zu setzen. Anderfalls würde immer der Wert aus der letzten Wiederholung übernommen. Auch das würde hier nicht auffallen aber wenn sich die Abfrage-Parameter ändern dann schon. Dazu ein kleines Beispiel:

```
someIfWorked = False
for i in range(1,6):
    print(str(i)+": ", end="")
    if i == 2:
        print("i ist 2, ", end="")
        someIfWorked = True
    if i >= 2 and i < 4:
        print("i ist größer gleich 2 und kleiner als 4", end="")
        someIfWorked = True
    if not someIfWorked:
        print("nichts anderes trifft zu", end="")
    print("")
```

liefert:

```
1: nichts anderes trifft zu
2: i ist 2, i ist größer gleich 2 und kleiner als 4
3: i ist größer gleich 2 und kleiner als 4
4:
5:
```

Nachdem einmalig ein if-Block gegriffen hat wird der Warheitswert nie wieder zurückgesetzt und daher erfolgt keine Ausgabe mehr für den 4. und 5. Durchlauf... Da someIfWorked seit dem zweiten Durchlauf auf True steht greift auch das Default-if nicht mehr. Stellen wir nun die ersten zwei Zeilen um:

```
for i in range(1,6):
    someIfWorked = False
    ...
```

Und wir erhalten

```
1: nichts anderes trifft zu
2: i ist 2, i ist größer gleich 2 und kleiner als 4
3: i ist größer gleich 2 und kleiner als 4
4: nichts anderes trifft zu
5: nichts anderes trifft zu
```

genau was wir wollen.

Solche logischen Fehler sind schwer zu finden und kosten selbst erfahrene Programmierer oftmals Stunden oder gar Tage. Teilweise fällt so ein Fehler auch gar nicht beim Testen auf, sondern erst wenn man mit realen Daten arbeitet. Genau aus diesem Grund spiele ich mit Ihnen diverse logische Fehler durch um Sie an alltägliche Probleme heranzuführen.

In solchen Fällen sind Debugger meist der schnellste Weg dem Problem auf die Spur zu kommen. Wie wir mit dem Debugger von VS Code arbeiten werden wir uns etwas später ansehen. Als Übung würde ich Sie ersuchen nehmen Sie ein Blatt Papier und spielen die Ausführung der Fehlerhaften Variante Zeile für Zeile durch... Notieren Sie dabei die Variablen-Werte und die Ausgaben gleichermaßen. Machen Sie also im Geiste genau das was der Python-Interpreter machen würde.

Wie Sie sehen ist Programmieren damit vergleichbar mit Lego-Steinen etwas zu bauen. Sie haben eine gewisse Anzahl an verschiedenen Steinen und müssen diese so kombinieren, dass das gewünschte Ergebnis dabei herauskommt.

Nach dem ausführlichen Beispiel zu den `if`-Verzweigungen wollen wir uns `range()` etwas genauer ansehen...

```
for i in range(0,4):
    print(str(i)+" ", end="")          => 0 1 2 3

for i in range(1,4):
    print(str(i)+" ", end="")          => 1 2 3

for i in range(22,24):
    print(str(i)+" ", end="")          => 22 23

for i in range(0,6,2):
    print(str(i)+" ", end="")          => 0 2 4

for i in range(4,0,-1):
    print(str(i)+" ", end="")          => 4 3 2 1
```

Da Python hier wieder bei 0 zu zählen beginnt, müssen wir für 4 Durchläufe entweder 0,4 oder 1,5 verwenden. Je nach dem wie wir unsere Zählvariable benötigen. In jedem Fall wird die Schleife aber abgebrochen bevor der Maximal-Wert erreicht wird. Das ist ebenfalls ein Verhalten, dass wir uns einprägen sollten.

Die Parameter bedeuten hier von, bis, Schrittweite. Wie das dritte Beispiel zeigt, können wir auch jeden beliebigen Start- und Endpunkt zum Zählen verwenden.

Mit einem optionalen dritten Parameter können wir die Weite der Zählschritte bestimmen und so nur jeden zweiten oder n-ten Wert erhalten. Mit einer Schrittweite von -1 können wir auch rückwärts zählen.

Außerdem ist `for` die Schleife der Wahl um alle Elemente von Listen oder Dictionaries zu durchlaufen.

```
d = {"a" : "AAA", "b" : "BBB", "c" : "CCC"}
l = ["DDD", "EEE", "FFF"]

for key in d.keys():
    print(d[key] + " ", end="")          => AAA BBB CCC
print("")

for entry in l:
    print(entry + " ", end="")           => DDD EEE FFF
print("")
```

Zuerst legen wir ein Dictionary und eine Liste an. Mit Hilfe der `keys()` Methode bekommen wir eine Liste der Schlüssel und dann können wir mit dem Schlüssel auf den Wert des Dictionary-Eintrags zugreifen. Alternativ können wir auch `for entry in d.values()` verwenden.

Bei der Liste haben wir den Eintrag sofort verfügbar wenn wir die Liste auf diese Art und Weise abarbeiten.

Ein Dictionary biete außerdem die `items()` Methode um komfortabel auf ein `Key : Value` Paar zuzugreifen. Diese Methode liefert eine Liste von Tupeln, die wir dann gleich im Schleifenkopf entpacken.

```
for key, value in d.items():
    print(key + " => " + value)
```

liefert:

```
a => AAA
b => BBB
c => CCC
```

Es gibt aber auch Fälle in denen wir die Anzahl der Wiederholungen nicht kennen. Bespielsweise wenn User Daten eingeben oder Dateien durchlaufen werden ist die Anzahl der Eingaben oder Zeilen in der Regel nicht bekannt.

Für solche Fälle gibt es die `while`-Schleife.

An dieser Stelle wird es allerdings langsam Zeit um die erste halbwegs sinnvolle Anwendung zu schreiben. Daher wollen wir an dieser Stelle ein kleines Ratespielchen erstellen.

```
#!/usr/local/bin/python3
import random

random.seed()
randNumber = random.randint(ord("a"), ord("z"))
randLetter = chr(randNumber)
rightGuess = False

while not rightGuess:
    guess = input("Buchstabe eingeben: ")

    if guess == randLetter:
        rightGuess = True
    elif ord(guess) > randNumber:
        print("Der gesuchte Buchstabe ist weiter vorne im Alphabet")
    else:
        print("Der gesuchte Buchstabe ist weiter hinten im Alphabet")

print("GEWONNEN! Der Buchstabe " + randLetter + " wurde gesucht")
```

Mit der Import-Anweisung laden wir zusätzliche Module in unser Programm. So ein Modul stellt dann Klassen und Funktionen zur Verfügung. Was genau das ist, erfahren wir später. Hier wird mit `import random` die Funktionalität zum Erzeugen von Zufallszahlen geladen.

Das `random.seed()` sorgt dafür, dass der Zufallszahlengenerator bei jedem Aufruf einen anderen Startwert bekommt. Damit ergibt sich auch immer eine andere Reihenfolge der Zahlen. Danach wird mit `random.randint` eine Zufallszahl zwischen dem Zahlencode von a und z generiert.

Mit `input("Buchstabe eingeben: ")` wird dann eine Benutzereingabe gelesen. Der Rest sollte Ihnen bekannt sein.

Bei einer `while`-Schleife ist zu bedenken, dass wir als Entwickler dafür verantwortlich sind die Abburchbedingung irgendwann zu erreichen. Würde man die Zeile `rightGuess = True` entfernen, dann würde das Programm endlos laufen ohne sich je zu beenden.

Dann spielen wir eine Runde und testen unser Programm:

```
user@mint$ python3 guess.py
Buchstabe eingeben: k
Der gesuchte Buchstabe ist weiter hinten im Alphabet
Buchstabe eingeben: s
GEWONNEN! Der Buchstabe s wurde gesucht
```

Auch das können Sie im VS Code direkt machen. Dazu rufen Sie im Menü Anzeigen den Punkt "Integriertes Terminal" auf. Im Normalfall sollten Sie sich mit dem Terminal schon im richtigen Ordner befinden. Falls nicht, müssen Sie mit `cd` gefolgt vom Pfad zum Script-Ordner in den richtigen Ordner wechseln. zB: `cd /Users/mark/Documents/PyBuch/00_Scripts/whileLoop`

Nachdem wir nun ein einigermaßen sinnvolles Beispiel haben, will ich ihnen noch zeigen wie nun die Arbeit mit der Entwicklung weitergeht. Nachdem man ewig raten kann und einfach von `a` bis `z` alle Buchstaben der Reihe nach durchprobieren könnte ist die Herausforderung nicht sehr groß.

Daher sollte wir zuerst den Schwierigkeitslevel erhöhen. Dazu fügen wir oben folgende Zeile ein:

```
guessCount = 7
```

Und danach verändern wir die Abbruchbedingung der `while`-Schleife:

```
while not rightGuess and guessCount > 0:
    guessCount -= 1
```

Natürlich müssen wir mit `guessCount -= 1` auch gleich dafür sorgen, dass das `guessCount > 0` auch irgendwann erreicht wird. Also probieren wir ob das nun alles klappt:

```
Buchstabe eingeben: g
Der gesuchte Buchstabe ist weiter hinten im Alphabet
... Ausgabe gekürzt
Buchstabe eingeben: g
Der gesuchte Buchstabe ist weiter hinten im Alphabet
GEWONNEN! Der Buchstabe m wurde gesucht
```

OK, aber gewonnen haben wir ja nicht. Also müssen wir an dieser Stelle die finale Ausgabe anpassen:

```
if rightGuess:
    print("GEWONNEN! Du hast " + str((guessCount + 1)) + " Punkte erreicht! ")
else:
    print("VERLOHREN! Der Buchstabe " + randLetter + " wurde gesucht...")
```

Da wir die Versuche immer weiter verringern und bei jeden Rateversuch verkleinern bietet es sich an die verbleibenden Versuche gleich als Game-Score zu verwenden.

Dann testen wir weiter:

```
Buchstabe eingeben: abc
Traceback (most recent call last):
  File "demo1.py", line 16, in <module>
    elif ord(guess) > randNumber:
TypeError: ord() expected a character, but string of length 3 found
```

Vertippt sich der User oder macht er falsche Angaben, weil er eine Aufforderung falsch versteht, dann sollte ein Programm ganz sicher nicht abstürzen. Das sollten wir unbedingt beheben.

Also sehen wir uns den Fehler genauer an - die `ord()` Funktion erwartet als Parameter nur einen einzelnen Buchstaben also müssen wir dafür Sorgen, dass der User gewarnt wird wenn er eine Falscheingabe macht und der weitere Code der schließlich zum Fehler führt in diesem Fall nicht ausgeführt wird.

```
while not rightGuess and guessCount > 0:
    guess = input("Buchstabe eingeben: ").lower()
    if len(guess) != 1:
        print("Bitte NUR 1 Buchstaben eingeben")
        continue

    guessCount -= 1
```

Das behebt unser Problem. Die `continue`-Anweisung überspringt den Rest der Schleife und sorgt dafür das die nachstehenden Zeilen nicht ausgeführt würden. Ich habe `guessCount -= 1` weiter nach unten verschoben, da eine Fehleingabe kein gültiger Versuch ist und auch nicht überprüft wurde. Daher wollte ich auch nicht die Anzahl der Versuche verringern.

```
Buchstabe eingeben: Z
Der gesuchte Buchstabe ist weiter hinten im Alphabet
```

Moment mal - das kann nicht sein nach Z kommt nichts mehr im Alphabet... Aber in der ASCII-Tabelle - da liegen die Kleinbuchstaben nach den Großbuchstaben. Nur kann das ein User nicht wissen also passen wir die Input-Zeile an:

```
guess = input("Buchstabe eingeben: ").lower()
```

Die `lower()` Methode sorgt dafür, dass Großbuchstaben in Kleinbuchstaben umgewandelt werden. Auch das ist im Prinzip ein Teil der Fehlerbehandlung. In diesem Fall werden "Falscheingaben" des Users einfach korrigiert und ein A würde zu einem a. Nicht jeder Fehler bedarf einer Fehlermeldung - oftmals kann man Fehler auch stillschweigend berichtigen.

Halten Sie an dieser Stelle kurz an und denken Sie darüber nach welche möglichen Fehleingaben wir noch nicht berücksichtigt haben...

Haben Sie es herausgefunden? Der letzte Schönheitsfehler ist, dass wir nicht prüfen, ob ein User Ziffern oder Satzzeichen eingibt. Also erweitern wir die `if`-Abfrage um folgendes `elif`:

```
elif ord(guess) < ord("a") or ord(guess) > ord("z"):
    print("Es sind nur Buchstaben von A bis Z exklusive Umlaute erlaubt")
    continue
```

Liegt die Ordnungszahl der Eingabe vor dem kleinen a oder nach dem kleinen z dann wird auch hier ein Fehler ausgegeben. Zugegeben diese Falscheingaben würden das Programm nicht abstürzen lassen sind aber dennoch nicht gewünscht und würden falsche bzw. nicht eindeutige Hinweise zur Folge haben.

Sie sehen also, dass ein Großteil der Arbeit in der Entwicklung die Fehlersuche und Prüfung auf Falscheingaben ist. Zur Auswertung ob die Eingabe richtig, zu hoch oder zu niedrig war benötigen wir drei Verzweigungen. Um auf diverse User-Fehler zu prüfen benötigen wir an dieser Stelle zwei Verzweigungen bzw. drei Prüfungen. Je nach dem wie man das nun sehen will sind das 40% bzw. 50% des Codes um Fehlern vorzubeugen bzw. Eingaben zu verifizieren. Dieser Wert ist auch nicht sehr weit von der Praxis entfernt.

Hier nochmal der komplette Code mit allen Weiterentwicklungen:

```python
#!/usr/local/bin/python3
import random

random.seed()
randNumber = random.randint(ord("a"), ord("z"))
randLetter = chr(randNumber)
rightGuess = False
guessCount = 7

while not rightGuess and guessCount > 0:
    guess = input("Buchstabe eingeben: ").lower()
    if len(guess) != 1:
        print("Bitte NUR 1 Buchstaben eingeben")
        continue
    elif ord(guess) < ord("a") or ord(guess) > ord("z"):
        print("Es sind nur Buchstaben von A bis Z exklusive Umlaute erlaubt")
        continue

    guessCount -= 1

    if guess == randLetter:
        rightGuess = True
    elif ord(guess) > randNumber:
        print("Noch " + str(guessCount) + " Versuch(e)", end="")
        print(" - der gesuchte Buchstabe ist weiter vorne im Alphabet")
    else:
        print("Noch " + str(guessCount) + " Versuch(e)", end="")
        print(" - der gesuchte Buchstabe ist weiter hinten im Alphabet")

if rightGuess:
    print("GEWONNEN! Du hast " + str((guessCount + 1)) + " Punkte erreicht! ")
else:
    print("VERLOHREN! Der Buchstabe " + randLetter + " wurde gesucht...")
```

Auf weitere Möglichkeiten zur Fehlerprüfung und Behandlung gehen wir später noch ein.

Kommentare

Ein umfangreicheres Programm oder Script kann schnell einige hundert bis zu hunderttausenden Zeilen haben. Daher ist es wichtig sich selbst oder auch anderen Programmierern Hinweise im Quellcode zu hinterlassen.

Oftmals wird dies auch am Beginn der Datei gemacht indem ein mehrzeiliger String dazu zweckentfremdet wird. Sehen wir uns einmal ein sehr ausführlich dokumentiertes Programm an:

```python
#!/usr/local/bin/python3
"""
Mein supertolles Programm zum errechnen
des Quadrates einer Zahl

Systemvoraussetzung:
Python Version 3.x

Lizenz:
GPLv3

(c) Ich 17.01.2018 23:37 - 23:40
"""

# Einlesen der Zahl
number = input("Zahl eingben: ")

# Komma in Punkt umwandeln für deutschprachige User
number = str(number).replace(",", ".")

# Prüfen ob die Eingabe eine Zahl ist
if number.isnumeric():
    # Errechnen des Erg. und Ausgabe
    res = float(number) ** 2
    print("Das Quadrat von " + str(number), end="") # end = "" nur
    print(" ist: " + str(res)) # damit es unter Python 2.x nicht läuft :P
else:
    # DAU schimpfen ;-)
    print("Nur Ziffern von 0-9 sind erlaubt!")
```

In der ersten Zeile wird das Pseudo-Kommentar für Unix- und Linux-Systeme angegeben. Dort kann man eine einfache Textdatei als ausführbar markieren und dann wird anhand dieses Pseudokommentares der Interpreter bestimmt.

Danach kommt unser zweckentfremdeter mehrzeiliger String in dem diverse Infos zum Programm, Systemvoraussetzungen, Lizenz, Danksagungen, beteiligte Entwickler uvm. untergebracht werden können. Oft wird das auch genutzt um die Benutzung eines Modules kurz zu umreißen oder einen kurzen Einführungstext in die Bedienung eines Scripts zu liefern. Im Grunde sind alle Kommentare freiwillig bis auf das Pseudokommentar in der ersten Zeile.

Sogenannte einzeilige Kommentare werden mit dem #-Zeichen eingeleitet. Diese Kommentare können sowohl über einer Programmzeile als auch am rechten Ende der Zeile stehen.

Wichtig ist hier zu bedenken, dass alles was nach dem #-Zeichen kommt vom Interpreter ignoriert wird. Daher wird das auch gern dazu benutzt um beim Testen von Code die ein oder andere Zeile temporär zu deaktivieren.

Apropos DAU...

Für all diejenigen, die den Gag nicht verstanden haben - DAU steht für **D**ümmster **A**nzunehmender **U**ser. Wenn wir Software entwickeln, wollen wir nach Möglichkeit versuchen Programme so zu schreiben, dass auch ein DAU damit umgehen kann und noch viel wichtiger, dass ein solcher User keinen Programmabsturz verursachen kann.

Dabei geht es weniger darum User niederzumachen sondern wir Entwickler müssen bedenken, dass ein User eben nicht genau weiß wie das Programm arbeitet und welche Eingaben gemeint bzw. verlangt sind. Also ist der DAU als Testsubjekt ein User, der nicht mal das Handbuch gelesen hat oder es falsch verstanden hat und darum alle möglichen Fehler macht.

Daher ist der DAU für Software-Tests ein wichtiger Faktor. Versetzen Sie sich in diesen User hinein und geben einfach einmal `drei` als Zahl ein nur um zu sehen wie Ihr Programm damit klarkommt. Wenn es dann einen Interpreter-Fehler wirft muss der Fehler abgefangen werden!

Siehe dazu das Beispiel mit dem Ratespielchen aus dem letzten Kapitel.

Funktionen

Wir haben bisher schon des Öfteren die Begriffe Methoden und Funktionen gehört. Daher werden wir zunächst einmal klären was eine Funktion überhaupt ist.

Unter einer Funktion verstehen wir einen in sich abgeschlossenen Code-Block. Dies wird verwendet um wiederkehrende Aufgaben vom Hauptprogramm abzuspalten und zentral zu verwalten. Stellen Sie sich ein Programm vor, dass an mehreren Stellen Daten in eine Log-Datei schreibt. Jetzt müsste man an jeder dieser Stellen den Code einfügen um die Datei zu öffnen, die Daten zu schreiben und dann die Datei wieder zu schließen.

Wenn man nun nachträglich die Log-Einträge etwas anderes formatieren möchte oder beispielsweise für jeden Tag eine eigene Log-Datei schreiben wollen würde müssten diese Änderungen an jeder Stelle im Programm vorgenommen werden an der die Log-Einträge geschrieben werden. Das wäre nicht nur unübersichtlicher da der Quelltext durch die mehrfach wiederholten Zeilen länger würde, sondern auch Fehleranfälliger, weil man schlichtweg eine der Code-Passagen übersehen könnte.

Für solche Fälle bietet es sich an den Code zum Schreiben eines Eintrags in eine Funktion auszulagern und dann an jeder Stelle im Programm an der diese Funktionalität benötigt wird die Funktion einfach aufzurufen.

Kurzum, eine Funktion ist ein wiederverwendbarer Code-Block den man mit einem selbst definierten Namen ansprechen kann.

Aber was heißt nun in sich geschlossen? Sehen wir uns dazu folgendes Code-Beispiel an:

```
var = 1

def funcTest():
    var = 2
    print(var)

print("start")
funcTest()
print(var)
```

Als Ausgabe erhalten wir folgendes:

```
start
2
1
```

Mit `def name():` wird eine Funktion angelegt. Bei der Namensgebung gilt was wir schon bei den Variablen gesagt haben. Das wir eine Funktion anlegen heißt aber noch nicht, dass dieser Code auch gleich ausgeführt wird. Wie in der Ausgabe schön zu sehen ist wird zuerst `start` ausgegeben und dann die `2`. Der Code der Funktion wird erst ausgeführt wenn wir die Funktion mit `funktionsName()` aufrufen.

Die Ausgabe der `2` durch die Funktion ist auch nicht weiter verwunderlich. Aber warum liefert das `print(var)` im Hauptprogramm wieder die `1`? Wir haben ja gerade gesagt eine Funktion ist ein in sich geschlossener Codeblock. Also wird in der Funktion eine eigene Variable `var` angelegt, die unabhängig von der anderen Variable `var` im Hauptprogramm ist.

Das macht durchaus Sinn denn Funktionen sind auch ideal dazu geeignet ein Programm in Teilbereiche zu splitten damit mehrere Programmierer daran arbeiten können. So kann einer an der Speichern-Funktion arbeiten während ein anderer die Datei-Lesen-Funktion bearbeitet. Müssten sich nun Teams von mehreren Programmierern über jeden einzelnen Variablennamen abstimmen, wäre so eine Zusammenarbeit äußerst kommunikationsintensiv.

Dazu kommt, dass man oftmals fertigen Code aus dem Python-Modulen einsetzt oder eventuell von anderen Firmen zukauft oder von einem alten Projekt wiederverwendet. Müsste man sich nun über jeden einzelnen Variablennamen Gedanken machen der in einem Modul steckt und verwendet wird wäre das ein echtes Problem... Wären Funktionen nicht in sich abgeschlossen dann würde es zu Kollisionen von Variablennamen kommen und man würde Variablen unbeabsichtigt oder versehentlich verändern. Daher ist es essentiell wichtig, dass so etwas nicht unbewusst oder aus versehen geschehen darf und daher legt Python quasi einen eigenen abgeschlossenen Bereich für jede Funktion an.

Und darum wird die Variable `var` des Hauptprogrammes auch nicht aus der Funktion heraus geändert! Um das Verhalten explizit zu umgehen verwendet man den Befehl `global var`.

Jetzt stellt sich die Frage wie bekommen wir also Daten in die Funktion hinein und wieder heraus... Dafür gibt es Parameter und den Rückgabewert.

Sie haben bisher schon mit diversen Funktionen wie `print()`, `len()`, etc. gearbeitet. Was Sie hierbei innerhalb der runden Klammern angegeben haben sind Parameter - also Daten, die in die Funktion hinein geworfen werden. Zur Veranschaulichung erstellen wir folgenden Code:

```
def circleArea(r):
    a = 3.14 * r * r
    print("Die Fläche ist: " + str(a))

circleArea(2)                          => Die Fläche ist: 12.56
print(a)                               => NameError: name 'a' is not defined
```

Beim Aufruf von `circleArea(2)` übergeben wir der Funktion den Wert 2. Dieser Parameter wird in der Funktions-Variable `r` gespeichert und danach wird die Flächen-Berechnung durchgeführt und die Fläche in `a` gespeichert und ausgegeben.

Versuchen wir auf a außerhalb der Funktion zuzugreifen, bekommen wir den Fehler, dass a nicht definiert ist. Um a auch außerhalb der Funktion verwenden zu können müssen wir a als Rückgabewert festlegen!

Also ändern wir die Funktion wir folgt ab:

```
def circleArea(r):
    a = 3.14 * r * r
    return a
```

Wenn wir nun den Code ausführen bekommen wir nach wie vor den Fehler `NameError: name 'a' is not defined`. Das ist auch vollkommen klar. Die Funktion liefert zwar einen Rückgabewert aber selbst dieser wird nicht automatisch im Hauptprogramm angelegt. Auch hier muss der Programmierer wieder bewusst diesen Wert abgreifen und in einer Variable speichern oder direkt ausgeben.

Hier nochmal das ganze Programm mit allen Veränderungen:

```
#!/usr/local/bin/python3
def circleArea(r):
    a = 3.14 * r * r
    return a

ca = circleArea(2)
print(ca)
```

Der Wert von der Funktion-Variable a wird von der Funktion zurückgegeben und dann im Hauptprogramm in der Variable ca abgelegt. Ohne eine solche Zuweisung verpufft der Rückgabewert ungenutzt.

Achtung Falle!
Übergeben wir einer Funktion eine Liste, ein Dictionary oder einen Tuple dann ändert sich dieses Verhalten! In so einem Fall wird keine Kopie des Wertes übergeben sondern eine sogenannte Referenz auf das Objekt. Das kann man sich wie eine Verknüpfung unter Windows oder einen Link unter Unix/Linux vorstellen.

Die Referenz ist einfach ein Zeiger auf den Bereich im RAM-Speicher in dem die Original-Daten liegen. Hier würden also die Originaldaten verändert.

Dazu ein Beispiel:

```
def myAppend(l):
    l.append("e")
    print(l)
```

```
l = ["a", "b", "c", "d"]
print(l)                          => ["a", "b", "c", "d"]
myAppend(l)                       => ["a", "b", "c", "d", "e"]
print(l)                          => ["a", "b", "c", "d", "e"]
```

Das Original der Liste im Hauptprogramm ist also verändert worden. Wollen wir dieses Verhalten nicht können wir mit einem einfachen Slicing das erstellen einer Kopie der Liste erzwingen:

```
def myAppend(l):
    l.append("e")
    print(l)

l = ["a", "b", "c", "d"]
print(l)                          => ["a", "b", "c", "d"]
myAppend(l[:])                    => ["a", "b", "c", "d", "e"]
print(l)                          => ["a", "b", "c", "d"]
```

Hier wird mit dem Slicing `[:]` eine Kopie von allen Elementen erstellt. Natürlich bieten sich Listen auch als Kommunikationskanal nach außen an. Wir müssen dabei aber immer bedenken, dass so eine Datenübertragung unter Umständen recht unübersichtlich werden kann wenn Sie sich irgendwann nicht mehr an das Verhalten erinnern.

Da ich selbst mit mehreren Programmiersprachen arbeite und je nach Projekt immer wieder zwischen den Sprachen wechsle ist das für mich auch immer wieder aufs neue ein Stolperstein, da die Übergabe einer Referenz in vielen anderen Sprachen explizit angegeben werden muss.

In Python muss man sich einfach merken, dass es mal so und mal so läuft bzw. dass man das Kopieren einer Datenstruktur mittels Slicing erzwingen kann.

Darüber hinaus können wir Rückgabewerte auch als Betätigung nutzen - schauen wir uns dazu folgendes Beispiel an:

```
#!/usr/local/bin/python3
def circleArea(r):
    if type(r) == int or type(r) == float:
        a = 3.14 * r * r
    else:
        a = False
    return a

for i in [2, "xyz", 3.2]:
    res = circleArea(i)
    if res:
        print("Fläche von " + str(i) + " ist berechenbar")
    else:
        print("Was soll ich mit '" + str(i) + "' anfangen?!")
```

Und wir erhalten bei der Ausführung:

```
Fläche von 2 ist berechenbar
Was soll ich mit 'xyz' anfangen?!
Fläche von 3.2 ist berechenbar
```

Hier nutzen wir den Umstand aus, dass eine gültige Zahl automatisch `True` ergibt bei der Typenumwandlung. Somit kann man den Rückgabewert einer Variable zuweisen und dann nur damit weiterrechnen, wenn die Funktion auch erfolgreich ausgeführt wurde.

Wollen Sie mehr als einen Wert zurückliefern dann muss der Rückgabewert eine Liste, ein Tuple oder ein Dictionary sein. Es ist nicht möglich mehr als eine Variable als Rückgabewert zu definieren.

Umgekehrt sind natürlich mehrere Parameter möglich:

```
#!/usr/local/bin/python3
import math

def circleArea(r = 1, d = 0):
    if (type(d) == int or type(d) == float):
        if d > 0:
            r = d / 2
    else:
        return False

    if type(r) == int or type(r) == float:
        a = math.pi * r * r
    else:
        a = False
    return a

print(circleArea(d=4))          => 12.566370614359172
print(circleArea(4))            => 50.26548245743669
print(circleArea(4, 12))        => 113.09733552923255
print(circleArea())             => 3.141592653589793
print(circleArea(d="xxx"))      => False
```

Sehen wir uns nun die Veränderungen an. Zuerst habe ich das Modul `math` geladen um auf die Konstante `math.pi` Zugriff zu haben. Darin ist die Zahl Pi in deutlich höherer Genauigkeit als nur 3.14 hinterlegt. Mit `def circleArea(r = 1, d = 0):` spendiere ich der Funktion zwei Parameter und lege auch gleich Standard-Werte fest. Diese Standard-Werte werden verwendet wenn beim Funktionsaufruf nichts für den jeweiligen Parameter übergeben wird.

Durch die Prüfung `d > 0` wird anhand des Durchmessers der Radius errechnet sofern ein Durchmesser angegeben ist. Wobei der Aufruf von `print(circleArea(4, 12))` hier ziemlich verwirrend ist. Sowohl Radius als auch Durchmesser werden übergeben und nur eine der Werte kann in dem Fall zur Berechnung verwendet worden sein weil die Angaben in dem Fall noch widersprüchlich sind.

Auch bei der Entwicklung von Funktionen sollte man versuchen Fehler abzufangen und die Funktion entweder mit ein paar Kommentaren am Anfang zu Beschreiben und auf solch ein Verhalten hinzuweisen oder entsprechende Fehler auszugeben wenn eine solche widersprüchliche Situation eintritt. Noch schlimmer wäre es, wenn sich ein Entwickler nur vertippt hätte und versehentlich statt 4.12 einfach 4,12 eingegeben hätte. Auch hier haben wir wieder einiges an zusätzlichem Code um diverse Fehler abzufangen.

Das Beispiel habe ich aus gutem Grund gewählt denn ein ähnliches Verhalten, dass wiedersprüchliche Angaben nicht bemängelt hat wurde auch einmal in einem meiner Kunden-Projekte zu einem Problem. Dort wurde der Fehler auch nicht bemerkt was einige Arbeitsstunden zunichte machte.

Der Aufruf von `circleArea(d=4)` sorgt dafür, dass die 4 im Parameter `d` landet und nicht in `r`. Ohne die genaue Bezeichnung des Parameternamens würde der erste Wert im ersten Parameter landen, der zweite Wert im zweiten Parameter usw.

Mit `circleArea(4)` geschieht genau das. Die 4 landet in `r` und mangels weiterer Werte wird für `d` der Stardardwert von 0 verwendet.

Das zuvor schon angesprochene `circleArea(4, 12)` bedeutet `r` = 4 und `d` = 12. Da die Funktion so gestaltet ist, dass `d` den Vorzug bekommt wenn man diesen Parameter schon befüllt wird hier also die Fläche mit dem aus `d` abgeleiteten `r` = 6 berechnet.

Beim Aufruf ohne jegliche Parameter wird `r` = 1 und `d` = 0 als Zuweisung verwendet. Was in diesem Fall dazu führt, dass die Funktion den Wert von Pi zurückliefert. Das kann durchaus gewollt sein, vor allem wenn die Funktion als eigenes Modul vorliegt und man dem Nutzer des Modules bestimmte Konstanten auf diese Art und Weise zur Verfügung stellt. Ich persönlich würde in so einem Fall eher eine eigene Funktion schreiben, die Pi zurückliefert aber es gibt durchaus Situationen in denen ein Standard-Rückgabewert sinnvoll ist.

Würden wir bei der Definition der Funktion den Standardwert für `r` auch mit 0 definieren dann würde ich persönlich dazu tendieren auch hier wieder eine Abfrage zu verwenden. Als kleinen Vorgriff auf das Kapitel Fehlerbehandlung will ich Ihnen an dieser Stelle wenigstens zeigen wie Sie eine Exception erzeugen und den Interpreter zwingen dann auch anzuhalten.

```
if type(r) == int or type(r) == float:
    a = math.pi * r * r
else:
    raise ValueError("r must be Integer or Float")
```

Führen wir folgenden Code aus:

```
res = circleArea(r="xxx")
print (res + 2)
```

Dann erhalten wir:

```
Traceback (most recent call last):
  File "demo1.py", line 29, in <module>
    res = circleArea(r=0)
  File "demo1.py", line 12, in circleArea
    raise ValueError("r must be bigger then 0")
ValueError: r must be Integer or Float
```

Wenn wir lediglich

```
if type(r) == int or type(r) == float:
    a = math.pi * r * r
else:
    a = False
```

verwenden erhalten wir als Ergebnis des vorherigen Aufrufes `False`.

Sprich mit dem Rückgabewert `False` zeigen wir zwar das etwas schief gelaufen ist - wir sind aber davon abhängig, dass der Programmierer der damit arbeitet diesen Rückgabewert auch prüft. Wenn wir hingegen eine Exception erzeugen wird der Interpreter an dieser Stelle das Programm beenden und den Entwickler auf den Fehler hinweisen.

Bedenken Sie auch hier morgen wissen Sie noch sehr genau was Sie wie und warum gemacht haben. In 1 Jahr wenn Sie diverse Funktionen für ein anderes Projekt wiederverwenden werden diese Informationen sicherlich nicht mehr so präsent sein.

Der letzte Begriff den ich Ihnen an dieser Stelle noch nicht erklärt habe, ist die Methode. Das ist im Grunde nichts weiter als eine Funktion, die aber an ein Objekt gebunden ist. Wir haben schon mehrfach damit gearbeitet. zB `input("Buchstabe eingeben: ").lower()`

Hier liefert die `input()`-Funktion ein String-Objekt zurück. In diesem String gibt es neben dem Wert der Eingabe noch Methoden um das Objektiv zu bearbeiten. Merken wir uns an dieser Stelle einfach, dass wenn vor dem Funktionsnamen `irgendwas.` steht dann nennt man dies eine Methode.

Daher funktioniert auch ein `listName.sort()`... Ohne einen Parameter zu übergeben weiß die Sort-Methode welche Liste gemeint ist da sie ja auf der Instanz der Liste hängt und somit einfach auf sich selbst zugreift. Mehr dazu im Kapitel Objektorientierung.

Komfortabler mehrere Parameter übergeben

```
#!/usr/local/bin/python3
def f(p1, p2, p3, p4):
    print(p1 + ":")
    print(p2 + ", " + p3 + ", " + p4)

l = ["Zu erledigen", "bügeln", "staubsaugen", "abwaschen"]
f(*l)

l2 = ["Liste", "a", "b", "c", "d", "e", "f", "g"]
f(*l2)
```

Hier erstellen wir eine Funktion, die innsgesamt 4 Parameter erwartet. Dies 4 Parameter können wir auch aus einer Liste füllen lassen. Als Hinweis, dass die Liste zerlegt werden und nicht als ein Parameter übergeben werden soll müssen wir den * vor dem Variablennamen beim Funktionsaufruf schreiben.

Hierbei wird dann der erste Eintrag dem ersten Parameter zugewiesen, der zweite Eintrag dem zweiten Parameter, usw.

Die Anzahl der Liste muss aber mit der Anzahl der Parameter übereinstimmen. Übergeben wir die Liste l2 dann erhalten wir einen Fehler:

```
Zu erledigen:
bügeln, staubsaugen, abwaschen

Traceback (most recent call last):
  File 'demo1.py", line 10, in <module>
    f(*l2)
TypeError: f() takes 4 positional arguments but 8 were given
```

Damit eine Funktion eine variable Anzahl an Parametern entgegennehmen kann müssen wir sie etwas anders schreiben:

```
def f(*params):
    print(params[0] + ":")
    print(params[1], end="")
    for i in range(2, len(params)):
        print(", " + params[i], end="")
    print("")
```

Durch *params als Argument der Funktion legen wir fest, dass alle der Funktion übergebenen Parameter in ein Tuple Names params gelegt werden sollen.

Danach können wir mit `params[0]` auf das erste und mit `params[1]` auf das zweite Tupleelement zugreifen oder mit einer `for`-Schleife alle Elemente durchlaufen und bearbeiten.

```
l = ["Zu erledigen", "bügeln", "staubsaugen", "abwaschen"]
f(*l)

l2 = ["Liste", "a", "b", "c", "d", "e", "f", "g"]
f(*l2)

f("Liste", "a", "b", "c")

f("a")
```

liefert nun:

```
Zu erledigen:
bügeln, staubsaugen, abwaschen

Liste:
a, b, c, d, e, f, g

Liste:
a, b, c

Traceback (most recent call last):
  File "demo1.py", line 17, in <module>
    f("a")
  File "demo1.py", line 4, in f
    print(params[1], end="")
IndexError: tuple index out of range
```

Bei den ersten beiden Aufrufen werden die Listen `l` und `l2` übergeben und zerlegt. Natürlich ist die Überhabe nicht auf die Arbeit mit Listen beschränkt. Wie man beim dritten Aufruf sieht können Parameter auch direkt übergeben werden.

Die Mindestanzahl der Paramter hängt in den Fall aber davon ab wie der Code der Funktion aussieht. Hier werden mindestens 2 Parameter verlangt oder der Code der Funktion erzeugt eine Exception.

Das man auch gänzlich ohne Elemente auskommt zeigt dieses Codebeispiel:

```
#!/usr/local/bin/python3
def sumList(*params):
    sum = 0
    for n in params:
        sum += n
    return sum

l = []
print(sumList(*l))

l = [1]
print(sumList(*l))


l.append(2)
print(sumList(*l))

l = []
for i in range(0, 3000):
    l.append(i)
print(sumList(*l))
```

Und wir erhalten:

```
0
1
3
4498500
```

Solange der Code der Funktion mit einer Schleife auf die Parameter zugreift sind auch 0 Schleifendurchläufe möglich. Sobald wir mit einer Index-Zahl auf einen bestimmten Parameter zugreifen werden auch entsprechend viele Parameter benötigt. Greifen wir beispielsweise mit der Index-Zahl 5 auf den 6. Parameter zu, dann müssen folglich auch mindestens 6 Parameter übergeben werden damit der Tuple auch bis mindestens zu dieser Indexzahl gefüllt ist.

Außerdem können wir vor *params beliebig viele einfache Parameter übergeben. Alle weiteren Landen cann im params-Tuple - zB def f(p1, p2, *params): würde mindestens 2 und maximal beliebig viele mehr als 2 erlauben. Natürlich könnte man p1 und p2 in dem Fall auch mit Standard-Werten vorbelegen um sie so ebenfalls optional machen.

Als letzte Methode will ich Ihnen noch zeigen wie wir mit einem Dictionary als variable Parameterliste arbeiten können...

```python
#!/usr/local/bin/python3
def f(p1, p2, p3):
    print (p1 + " ", end="")
    print (p2 + " ", end="")
    print (p3)

def f2(**args):
    print(args)

d = {"p1" : "bla", "p2" : "blub", "p3" : "foo"}

f("bla", "blub", "foo")
f(**d)
f2(p1="bla", p2="blub", p3="foo")
f2(**d)
```

liefert:
```
bla blub foo
bla blub foo
{'p1': 'bla', 'p2': 'blub', 'p3': 'foo'}
{'p1': 'bla', 'p2': 'blub', 'p3': 'foo'}
```

Hierbei kann ein Dictionary im Format `{'parameter_1': 'wert 1', 'parameter_2': 'wert 2', ...}` übergeben werden bzw. bei der Übergabe erzeugt werden.

So etwas macht beispielsweise Sinn wenn man Parameter aus einer Einstellungs-Datei ausließt und diese dann gleich einer Funktion übergibt. Wichtig ist hierbei nur, dass der `Key` des Dictionary-Eintrags dem Bezeichner des Funktionsparameters entsprechen muss!

Lambda Funktionen

Ich persönlich bin kein großer Freund von Lambda-Funktionen weil mir die Schreibweise gar nicht gefällt, vor allem weil diese Art der Funktionsdefinition beim schnellen Überfliegen einer Code-passage viel zu leicht übersehen wird. Aber sehen wir uns einmal an, wie man eine solche Inline-Funktion definiert:

```
f = lambda param: param ** 3
print(f(3))

lengths = list(map(lambda word: len(word), "bla blub foo".split()))
print(lengths)

row = 5
for i in range (1, 11):
    res = (lambda p1, p2: p1 * p2)(row, i)
    print(str(res) + " ", end="")
```

liefert:

```
27
[3, 4, 3]
5 10 15 20 25 30 35 40 45 50
```

Die Schreibweise ist `lambda parameter: funktionskörper`.

Bei der Zuweisung der `lengths`-Liste oder der Berechnung von `res` sehen Sie auch gut wie schnell `lambda`-Funktionen unübersichtlich werden können. Der Vollständigkeit halber will ich es erwähnen und ja, man kann sich damit einiges an Tipparbeit ersparen aber ich bevorzuge eher klarer strukturierten Quelltext und verwende diese Inline-Funktionen so gut wie nie.

Verwenden wir direkt eine `lambda`-Funktion um eine Berechnung durchzuführen müssen wir Sie in Klammern setzen, denn `(lambda p1, p2: p1 * p2)` ersetzt in dem Fall den Funktionsnamen und danach können wir wie gewohnt die Parameter übergeben.

Also ist

```
f = lambda p1, p2: p1 * p2
f(1, 5)
```

gleichbedeutend mit

```
(lambda p1, p2: p1 * p2)(1, 5)
```

Arbeiten mit Dateien

Bisher habe wir nur sehr einfache Programme geschrieben aber selbst bei dem Ratespielchen wäre es schon sinnvoll gewesen den Highscore in einer Liste abzuspeichern.

Die Variablen, die Ihre Daten im RAM-Speicher ablegen sind flüchtig. Wird das Programm beendet wird dieser Speicher wieder freigegeben und die Daten sind verloren. Wollen wir Daten dauerhaft ablegen dann müssen wir diese auf die Festplatte oder in eine Datenbank schreiben.

Um das Erste soll es auf den folgenden Seiten gehen. Als erstes wollen wir Daten in eine Datei schreiben...

```python
with open("daten.txt", "w") as file:
    file.write("bla")
    file.write("blub")
    file.write("foo")
```

Hierbei sorgt das `with open("daten.txt", "w") as file:` dafür, dass die Datei nach dem beenden des Blockes auch wieder sauber geschlossen wird. Das hat den Vorteil, dass wir das nicht vergessen können.

Alternativ können wir auch `file = open("daten.txt", "w")` schreiben. Danach müsste man die `write`-Befehle nicht einrücken aber dafür die Datei mit `file.close()` wieder schließen wenn wir fertig sind.

Der `open`-Befehl benötigt zwei Parameter - den Dateinamen inkl. Pfad bzw. wenn wir keinen Pfad angeben sucht Python automatisch im gleichen Ordner wie das Script und den Modus. Für den Modus gibt es folgende Optionen:

a   Anfügen von Daten am Ende der Datei (*append*)
r   Lesen (*read*)
w   Schreiben bzw. Überschreiben (*write*)
ab   Anfügen im binären Modus (*append binary*)
rb   Lesen im binären Modus (*read binary*)
wb   Schreiben bzw. Überschreiben im binären Modus (*write binary*)

Wird eine bereits vorhandene Datei zum schreiben geöffnet wird der alte Inhalt vollständig gelöscht und ersetzt. Selbst wenn der neue Inhalt kürzer ist gehen alle vorherigen Zeilen des Inhaltes verloren. Dies geschieht auch ohne jegliche Sicherheitsfrage wenn wir diese nicht selbst programmieren. Daher sollte man ein solches Programm ausführlich mit Dummy-Dateien testen bevor man es auf wichtige Systemdateien oder ähnliches loslässt.

Wenn wir die Datei in einem Editor öffnen erhalten wir folgenden Inhalt:

```
blablubfoo
```

So war das eigentlich nicht geplant. Wir müssen also beim Schreiben der Datei zusätzlich einen Zeilenumbruch an die Daten anfügen, wenn wir mehrere Zeilen schreiben wollen. Das erreichen wir beispielsweise mit `file.write("bla \n")`. *(siehe Seite 18 - Datentyp String)*

Apropos Sicherheitsfrage...

Wenn wir Überprüfen wollen, ob eine Datei oder ein Verzeichnis existiert bzw. ob wir schreibend auf eine Datei zugreifen dürfen, dann haben wir folgende Optionen:

```
import os

print(os.path.exists("/bin"))          => True
print(os.path.isdir("/bin"))           => True
print(os.path.isfile("/bin"))          => False

print(os.path.exists("/bin/sh"))       => True
print(os.path.isdir("/bin/sh"))        => False
print(os.path.isfile("/bin/sh"))       => True

print(os.access("/bin/sh", os.W_OK))   => False
print(os.access("/bin/sh", os.R_OK))   => True
print(os.access("/bin/sh", os.X_OK))   => True
```

Unter Windows müssten Sie den Pfad entsprechend Anpassen und Beispielsweise auf `C:\boot.ini` zugreifen.

Die Methode `exists()` überprüft nicht, ob es sich um eine Datei oder einen Ordner handelt sondern lediglich ob der Pfad existiert. Mit `isfile()` und `isdir()` lässt sich feststellen ob es sich um eine Datei oder einen Ordner handelt.

`os.access()` überprüft ob auf eine Datei oder einen Ordner in einem bestimmten Modus zugegriffen werden kann. Der erste Parameter ist der Pfad und der zweite Parameter der Modus. Hierbei prüft `os.W_OK` ob Schreibzugriff erlaubt ist, `os.R_OK` ob Lesezugriff erlaubt ist und `os.X_OK` ob die Datei ausführbar ist.

Achtung!!!
Unter Linux und Unix müssen Ordner ebenfalls ausführbar sein um geöffnet zu werden.

Danach können wir die Datei mit folgendem Code wieder einlesen:

```
with open("daten.txt", "r") as file:
    for line in file:
        print(line)
```

Jetzt erhalten wir als Ausgabe:

```
bla

blub

foo
```

Zwischen den einzelnen Zeilen ist jeweils ein doppelter Zeilenumbruch obwohl in der Original-
datei einfache Zeilenschaltungen enthalten sind. Das liegt daran, dass wir beim Auslesen der Zeile
auch die Zeilenschaltung am Zeilenende mit einlesen. Dann wird diese mit einem weiteren Zeilen-
numbruch der von der `print()`-Funktion erzeugt wird ausgegeben. Daher kommt der Fehler.

Jetzt gibt es zwei Varianten das Problem zu lösen. Wir können mit einem `line.rstrip()` alle
Zeilenschaltungen, Leerzeichen, Tabulatoren, etc. am rechten Rand der Zeile entfernen. Alternativ dazu könnten wir der `print()`-Funktion den Standard-Wert `\n` für den Parameter `end` mit
`end=""` überschreiben und so verhindern, dass `print()` eine weitere Zeilenschaltung einfügt.

Wenn nun aber in der letzten Zeile keine Zeilenschaltung vorhanden wäre und wir mit `print()`
keine einfügen würden würde das wieder einen Sonderfall ergeben, den wir abfragen müssten
und dann entsprechend darauf reagieren. Also ist

```
print(line.rstrip())
```

die deutlich elegantere Lösung als

```
if(line[-1] == "\n"):
    print(line, end="")
else:
    print(line)
```

Aber egal wie wir es lösen wir erhalten nun:

```
bla
blub
foo
```

Sehen wir uns einmal an wie wir mit gängigen Datei bzw. Datenformaten arbeiten können...

XML-Dateien

XML steht für Erweiterbare Auszeichnungssprache oder englisch Extensible Markup Language. Hierbei handelt es sich um eine einfache Text-Datei in der Einträge logisch gruppiert und verschachtelt werden können um beliebige Strukturen abzubilden.

Also sehen wir uns die zu verarbeitenden Daten einfach einmal an:

```xml
<?xml version="1.0" encoding="utf-8"?>
<?xml-stylesheet type="text/xsl" href="http://www.floatrates.com/currency-rates.xsl" ?>
<channel>
    <title>XML Daily Foreign Exchange Rates for Euro (EUR)</title>
    <link>http://www.floatrates.com/currency/eur/</link>
    <xmlLink>http://www.floatrates.com/daily/eur.xml</xmlLink>
    <description>XML Daily foreign exchange rates for Euro</description>
    <language>en</language>
    <baseCurrency>EUR</baseCurrency>
    <pubDate>Sun, 11 Feb 2018 00:00:01 GMT</pubDate>
    <lastBuildDate>Sun, 11 Feb 2018 00:00:01 GMT</lastBuildDate>
    <item>
        <title>1 EUR = 1.22580492 USD</title>
        <link>http://www.floatrates.com/eur/usd/</link>
        <description>1 Euro = 1.22580492 U.S. Dollar</description>
        <pubDate>Sun, 11 Feb 2018 00:00:01 GMT</pubDate>
        <baseCurrency>EUR</baseCurrency>
        <baseName>Euro</baseName>
        <targetCurrency>USD</targetCurrency>
        <targetName>U.S. Dollar</targetName>
        <exchangeRate>1.22580492</exchangeRate>
    </item>
    <item>
        <title>1 EUR = 0.88500935 GBP</title>
        <link>http://www.floatrates.com/eur/gbp/</link>
        <description>1 Euro = 0.88500935 U.K. Pound Sterling</description>
        <pubDate>Sun, 11 Feb 2018 00:00:01 GMT</pubDate>
        <baseCurrency>EUR</baseCurrency>
        <baseName>Euro</baseName>
        <targetCurrency>GBP</targetCurrency>
        <targetName>U.K. Pound Sterling</targetName>
        <exchangeRate>0.88500935</exchangeRate>
    </item>
    ... Ausgabe gekürzt
</channel>
```

Wir sehen also es handelt sich um eine Liste von Wechselkursen. Jede XML-Datei braucht ein Root- oder Wurzel-Element das allerdings beliebig heißen darf. Hier ist dies `<channel>`.

Darin enthalten sind verschiedene Elemente wie `<title>`, `<link>` oder `<pubDate>`. Diese Elemente sind an dieser Stelle augenscheinlich allgemeine Infos zur Datei bzw. Kopfdaten.

Danach folgen mehrere `<item>` Elemente, die wiederum jeweils diverse Elemente besitzen. So enthalten die Kind-Elemtene `<targetCurrency>`, `<targetName>` und `<exchangeRate>` eines jeden `<item>`-Tags den Namen, Code und Wechselkurs der jeweiligen Währung.

Da wir an dieser Stelle die Daten aus dem Internet laden müssen wir noch ein paar benötigte Zusatzmodule mit pip3 installieren. Dazu tragen Sie folgenden Befehl in ein Terminal ein:

```
user@mint $ pip3 install requests xmltodict
```

(Unter Windows müssen Sie die Eingabeaufforderung verwenden und eventuell auch den Kompletten Pfad zu Python angeben. Hier lautet der Befehl `Python.exe -m pip install [modulname]`*)*

Danach können wir beginnen:

```
#!/usr/local/bin/python3
import requests
import xmltodict
from pprint import pprint

currenciesToMonitor = ["USD", "GBP", "CHF", "CZK", "AUD", "CAD", "HKD"]

data = requests.get("http://www.floatrates.com/daily/eur.xml")
xmlDict = xmltodict.parse(data.content)
pprint(xmlDict)
```

Zuerst importieren wir einige Module und legen danach eine Liste von Währungen fest, die uns interessieren.

Das `requests`-Modul macht es uns zum Kinderspiel Daten von einem Webserver zu laden. Mit `requests.get(url)` holen wir die Daten mittels GET-Methode des HTTP-Protokolls. Was genau das ist, werden wir im Kapitel Webprogrammierung noch sehen.

Was wir erhalten ist ein Daten-Objekt in dem wir die Daten unter `data.content` finden. Und genau diesen Seitenqelltext der XML-Datei ohne HTTP-Header-Daten werfen wir in die `parse()`-Methode von `xmltodict`. Dadurch werden die XML-Daten in einem Python-Dictonary zur Verfügung gestellt. Für nicht allzu komplexe Datenstrukturen ist das ein einfacher Weg.

Mit `pprint(xmlDict)` können wir uns das Dictionary gut lesbar formatiert ausgeben lassen um zu überprüfen ob alles geklappt hat. Wenn bis hierhin alles funktioniert können wir die Zeilen `pprint(xmlDict)` **und** `from pprint import pprint` **wieder löschen.**

Ich arbeite mich an dieser Stelle gern Schrittweise vorwärts und darum füge ich am Ende folgende 2 Zeilen hinzu:

```
for key in xmlDict.keys():
    print(key)
```

Wenn wir das Script ausführen erhalten wir:

```
channel
```

Dann passe ich die `for`-Zeile wie folgt `for key in xmlDict['channel'].keys():` an und erhalte folgende Ausgabe:

```
title
link
xmlLink
description
language
baseCurrency
pubDate
lastBuildDate
item
```

Komisch... Wir haben nur einen `item`-Eintrag obwohl in der XML-Datei dutzende solcher Einträge sind. Erinnern Sie sich noch an das Datentypen-Kapitel und was ich da zu den Schlüsseln von Dictionaries gesagt habe? Genau, die müssen eindeutig sein.

Also geben wir einfach einmal mit `print(xmlDict['channel']['item'])` aus was sich darin verbirgt. Auch hier erspare ich ihnen die seitenlange Ausgabe - es ist eine Liste. `xmltodict` hat also festgestellt, dass es mehrere `<item>`-Tags gibt und daher diese ganzen Einträge in einer Liste unter einem `item`-Schlüssel zusammengefasst.

Jetzt verändern wie diese zwei Zeilen wiederum und erstellen folgenden Programmcode:

```
for item in xmlDict['channel']['item']:
    print(item)
```

Wir erhalten darauf hin wieder die Ausgabe von dutzenden Zeilen in dieser Art:

```
OrderedDict([('title', '1 EUR = 1.22580492 USD'), ('link', 'http://www.floatra-
tes.com/eur/usd/'), ('description', '1 Euro = 1.22580492 U.S. Dollar'), ('pub-
Date', 'Sun, 11 Feb 2018 00:00:01 GMT'), ('baseCurrency', 'EUR'), ('baseName',
```

```
'Euro'), ('targetCurrency', 'USD'), ('targetName', 'U.S. Dollar'), ('exchange-
Rate', '1.22580492')])
```

Also wieder ein Dictionary mit den zuvor schon erwähnten Einträgen `targetName`, `targetCurrency` und `exchangeRate` mit den für uns interessanten Daten.

Die `print`-Anweisung können wir wieder löschen und zuerst einmal die Daten für die Ausgabe vorbereiten und filtern:

```
for item in xmlDict['channel']['item']:
    name = item['targetName']
    code = item['targetCurrency']
    rate = item['exchangeRate']
    if code in currenciesToMonitor:
        print("Euro (EUR) <--> %24s (%3s) = %10.4f" % (name, code, rate))
```

Sobald wir das Ausführen erhalten wir einen `TypeError: must be real number, not str`. Natürlich wir lesen eine Text-Datei aus und daher sind alle Daten die wir erhalten ein String. `%10.4f` erwartet aber eine Fließkommazahl - also konvertieren wir die Daten einfach mit

```
rate = float(item['exchangeRate'])
```

Jetzt erfolgen schon ein paar Ausgaben aber mitten in der Abarbeitung bricht das Programm mit `ValueError: could not convert string to float: '4,550.35252861'` ab.

OK - auch der Fehler ist logisch. Der String `'4,550.35252861'` enthält neben dem . als Kommatrenner auch einen , als Tausendertrenner und das darf nicht sein wenn wir das als Zahl parsen wollen. Also lösen wir das Problem mit folgender Veränderung:

```
rate = float(item['exchangeRate'].replace(",", ""))
```

Danach läuft unser Programm fehlerfrei durch und liefert:

```
Euro (EUR) <-->             U.S. Dollar (USD) =     1.2258
Euro (EUR) <-->      U.K. Pound Sterling (GBP) =     0.8850
Euro (EUR) <-->        Australian Dollar (AUD) =     1.5725
Euro (EUR) <-->              Swiss Franc (CHF) =     1.1513
Euro (EUR) <-->          Canadian Dollar (CAD) =     1.5451
Euro (EUR) <-->             Czech Koruna (CZK) =    25.3064
Euro (EUR) <-->         Hong Kong Dollar (HKD) =     9.5857
```

An dieser Stelle wären wir eigentlich fertig wenn ich mir nicht noch aus Unachtsamkeit um 3:14 früh ein kleines Eigentor geschossen hätte das ich Ihnen hier auch kurz erläutern will.
Ich habe kurz nicht mitgedacht und das Programm unter `xml.py` abgespeichert. Als ich es nochmals laufen lassen wollte bekam ich folgenden Fehler:

```
Traceback (most recent call last):
  File "/Library/Frameworks/Python.framework/Versions/3.6/lib/python3.6/site-
packages/xmltodict.py", line 5, in <module>
    from defusedexpat import pyexpat as expat
ModuleNotFoundError: No module named 'defusedexpat'

During handling of the above exception, another exception occurred:

Traceback (most recent call last):
  File "xml.py", line 3, in <module>
    import xmltodict
  File "/Library/Frameworks/Python.framework/Versions/3.6/lib/python3.6/site-
packages/xmltodict.py", line 7, in <module>
    from xml.parsers import expat
  File "/Users/mark/Documents/PyBuch/00_Scripts/xml/xml.py", line 9, in <modu-
le>
    xmlDict = xmltodict.parse(data.content)
AttributeError: module 'xmltodict' has no attribute 'parse'
```

Die Datei `xmltodict.py` importiert Ihrerseits das Modul `xml` und das befindet sich in der Datei `xml.py` welche zuerst im aktuellen Ordner und danach erst im Ordner mit den allgemeinen Modulen gesucht wird.

Da nun unser Script als `xml.py` gespeichert wurde hat der Interpreter innerhalb der Datei `xmltodict.py` nicht die Datei des offiziellen Moduls `xml` geladen sondern wieder unser eigenes Script. Und in dem wird nun mal keine `parse()` Funktion definiert, sondern lediglich aufgerufen.

Seien Sie also etwas vorsichtig beim Vergeben von Dateinamen und achten Sie stets darauf nicht die gleichen Dateinamen wie ein Modul zu verwenden. Sobald ich die Datei in `xml_demo.py` umbenannt hatte lief wieder alles wunderbar.

Hier nochmal das Script in der finalen Version mit den auskommentierten Test-Ausgaben:

```python
#!/usr/local/bin/python3
import requests
import xmltodict
#from pprint import pprint

currenciesToMonitor = ["USD", "GBP", "CHF", "CZK", "AUD", "CAD", "HKD"]

data = requests.get("http://www.floatrates.com/daily/eur.xml")
xmlDict = xmltodict.parse(data.content)
#pprint(xmlDict)

#for key in xmlDict.keys():
#    print(key)

#for key in xmlDict['channel'].keys():
#    print(key)

#print(xmlDict['channel']['item'])

for item in xmlDict['channel']['item']:
    #print(item)
    name = item['targetName']
    code = item['targetCurrency']
    rate = float(item['exchangeRate'].replace(",", ""))
    if code in currenciesToMonitor:
        print("Euro (EUR) <--> %24s (%3s) = %10.4f" % (name, code, rate))
```

Eigentlich recht wenig Code für das Verarbeiten einer doch schon etwas komplexeren Datenstruktur. Ohne die auskommentierten Anweisungen wäre das Script gerade mal 15 Zeilen lang.

Würden Sie das XML aus einer Datei Lesen dann könnten Sie dies wie folgt schreiben:

```python
#!/usr/local/bin/python3
import requests
import xmltodict

currenciesToMonitor = ["USD", "GBP", "CHF", "CZK", "AUD", "CAD", "HKD"]

data = ""
with open("test.xml", "r") as file:
    for line in file:
        data += line

xmlDict = xmltodict.parse(data)

... usw.
```

Der restliche Code kann unverändert bleiben.

JSON-Daten

Dieses Datenformat wird auch gern verwendet vor allem bei Webschnittstellen oder zum Datenaustausch mit AJAX-Webapplikationen.

```
#!/usr/local/bin/python3
import requests
import json

data = requests.get("https://api.coinmarketcap.com/v1/
ticker/?convert=EUR&limit=300")
json = json.loads(data.content)

for item in json:
    print(item)
```

Sie können sich das Format der Daten gern online ansehen. Im Grunde erhalten wir eine Liste von Dictionaries die wir durchlaufen können. Sehen wir uns eines des Dictionaries näher an:

```
{'id': 'bitcoin', 'name': 'Bitcoin', 'symbol': 'BTC', 'rank': '1', 'price_
usd': '8159.3', 'price_btc': '1.0', '24h_volume_usd': '7028590000.0', 'mar-
ket_cap_usd': '137545603732', 'available_supply': '16857525.0', 'total_sup-
ply': '16857525.0', 'max_supply': '21000000.0', 'percent_change_1h': '-1.96',
'percent_change_24h': '-8.98', 'percent_change_7d': '-10.74', 'last_updated':
'1518320066', 'price_eur': '6663.129159', '24h_volume_eur': '5739757451.7',
'market_cap_eur': '112323866376'}
```

Auf Basis dieser Daten definieren wir eine Funktion für die Ausgabe. Warum wir das machen werden wir etwas stäter noch sehen...

```
def printStats(item):
    print("%6s | %10.6f EUR | " % (item['symbol'], float(item['price_eur'])), end="")
    print("%6.2f %% (7d) | "   % float(item['percent_change_7d']), end="")
    print("%6.2f %% (1d) | "   % float(item['percent_change_24h']), end="")
    print("%s"                 % item["name"], end="")
    print("")
```

Jetzt sollten wir eine Auswahl-Logik schreiben die uns interessante Investitions-Möglichkeiten sucht:

```
print("""POSITIVE TREND BARGINS:
-------------------------------------------------------------------------""")
for item in json:
    if item['percent_change_7d'] is not None:
        if float(item['price_eur'])<10 and float(item['percent_change_7d'])>0:
            printStats(item)
```

Soweit so gut. Wir erhalten nach diese wenigen Zeilen Code folgende Ausgabe:

```
POSITIVE TREND BARGINS:
-------------------------------------------------------------------------
   XRP |    0.784639 EUR |    4.34 % (7d) |  -8.71 % (1d) | Ripple
  USDT |    0.820444 EUR |    0.59 % (7d) |   0.17 % (1d) | Tether
     R |    1.911714 EUR |   52.60 % (7d) |  -6.88 % (1d) | Revain
    XP |    0.000662 EUR |   26.44 % (7d) | -19.56 % (1d) | Experience Points
   XPA |    0.126486 EUR |    4.59 % (7d) | -13.22 % (1d) | XPlay
  MANA |    0.095439 EUR |   13.80 % (7d) |  -3.99 % (1d) | Decentraland
  EMC2 |    0.340623 EUR |    4.10 % (7d) |   1.31 % (1d) | Einsteinium
 SPANK |    0.224629 EUR |   22.36 % (7d) |   9.60 % (1d) | SpankChain
   MTL |    3.069279 EUR |    5.42 % (7d) | -17.50 % (1d) | Metal
   PRL |    0.767441 EUR |   26.13 % (7d) | -16.75 % (1d) | Oyster
   MGO |    0.524793 EUR |   48.28 % (7d) |  -7.83 % (1d) | MobileGo
   TSL |    0.062213 EUR |   16.73 % (7d) | -16.20 % (1d) | Energo
 SAFEX |    0.020622 EUR |    4.57 % (7d) | -10.10 % (1d) | Safe Exchange Coin
   SBD |    3.607145 EUR |   12.44 % (7d) |  -6.24 % (1d) | Steem Dollars
BITCNY |    0.136009 EUR |    7.51 % (7d) |  -3.18 % (1d) | bitCNY
   XWC |    0.108185 EUR |    2.12 % (7d) |  -0.16 % (1d) | WhiteCoin
  RISE |    0.201485 EUR |    9.71 % (7d) |  -9.02 % (1d) | Rise
   LEO |    0.224494 EUR |    0.57 % (7d) |  -1.09 % (1d) | LEOcoin
  AURA |    0.198669 EUR |   29.85 % (7d) |  32.64 % (1d) | Aurora DAO
```

Im Grunde gibt es hier nicht viel neues darum werden wir das ganze Programm nochmal um eine Portfolio-Überwachung erweitern.

Dazu erstellen wir folgende CSV-Datei:

```
CODE;AMOUNT;BUY-PRICE
STEEM;10;3.7126
XMR;1;74.8301
```

CSV-Dateien

CSV steht für **C**omma **S**eperated **V**alues oder kommaseparierte Liste zu deutsch. Dieses Dateiformat ist das simpelste Dateiformat für den Austausch von Daten. Darüber hinaus wird es von unzähligen Programmen und Serverdiensten unterstützt.

Zuerst definieren wir einige globale Variablen:

```
myPortfolio = {}
sumBuy = 0
sumAct = 0
```

Und dann verarbeiten wir die CSV-Datei:

```
with open("portfolio.csv", "r") as file:
    lineCount = 0
    for line in file:
        lineCount += 1
        # dont process first line with headline
        if lineCount > 1:
            tmp = line.rstrip().split(";")
            # Add a Tuple with amount, buy-price to the
            # dictionary with code as key
            myPortfolio[tmp[0]] = (float(tmp[1]), float(tmp[2]))
```

Dazu öffnen wir die CSV-Datei, durchlaufen Sie zeilenweise, lassen die erste Zeile mit den Überschriften aus und splitten die weiteren Zeilen am ; auf. Danach erstellen wir eine Datensturktur in diesem Format:

```
{
'STEEM': (10.0, 3.7126),
'XMR': (1.0, 74.8301)
}
```

Danach erstellen wir einen neuen Ausgabe-Block:

```
print("""IN STOCK:
-----------------------------------------------------------------------------""")
for item in json:
    if item['symbol'] in ["XMR", "STEEM"]:
        printStats(item)

print("-----------------------------------------------------------------------------")
print("TOTAL: %50s %7.2f -> %7.2f EUR" % ("", sumBuy, sumAct))
print("\n")
```

Jetzt müssen wir die Ausgabe-Funktion noch ein wenig modifizieren:

```python
def printStats(item):
    global myPortfolio
    global sumBuy
    global sumAct

    print("%6s | %10.6f EUR | " % (item['symbol'], float(item['price_eur'])), end="")
    print("%6.2f %% (7d) | "    % float(item['percent_change_7d']), end="")
    print('%6.2f %% (1d) | "    % float(item['percent_change_24h']), end="")

    if item['symbol'] in myPortfolio.keys():
        buyPrice = myPortfolio[item['symbol']][0] * myPortfolio[item['symbol']][1]
        sumBuy += buyPrice

        actPrice = myPortfolio[item['symbol']][0] * float(item['price_eur'])
        sumAct += actPrice

        print("%7.2f -> %7.2f EUR " % (buyPrice, actPrice))
    else:
        print("%s"                    % item["name"])
```

Damit erreichen wir nun folgende Ausgabe:

```
IN STOCK:
------------------------------------------------------------------------------
   XMR |  185.171669 EUR |  -9.03 % (7d) | -14.95 % (1d) |   74.83 ->  185.17 EUR
 STEEM |    3.194902 EUR | -11.00 % (7d) | -18.46 % (1d) |   37.13 ->   31.95 EUR
------------------------------------------------------------------------------
TOTAL:                                                       111.96 ->  217.12 EUR


POSITIVE TREND BARGINS:
------------------------------------------------------------------------------
   XRP |    0.792641 EUR |   5.53 % (7d) |  -9.88 % (1d) | Ripple
  USDT |    0.815585 EUR |   0.17 % (7d) |  -0.44 % (1d) | Tether
     R |    1.910686 EUR |  48.97 % (7d) |  -8.35 % (1d) | Revain
    XP |    0.000602 EUR |  16.49 % (7d) | -29.66 % (1d) | Experience Points
   XPA |    0.125006 EUR |   4.12 % (7d) | -13.44 % (1d) | XPlay
   PPP |    1.312569 EUR |   4.67 % (7d) |  -0.86 % (1d) | PayPie
  MANA |    0.088745 EUR |   6.47 % (7d) | -11.13 % (1d) | Decentraland
  EMC2 |    0.334132 EUR |   2.48 % (7d) |  -1.39 % (1d) | Einsteinium
 SPANK |    0.227249 EUR |  24.30 % (7d) |   9.80 % (1d) | SpankChain
   MTL |    3.050317 EUR |   5.35 % (7d) | -18.58 % (1d) | Metal
   MGO |    0.517342 EUR |  46.89 % (7d) |  -9.71 % (1d) | MobileGo
```

```
   PRL |    0.707750 EUR |   17.04 % (7d) |  -22.10 % (1d) | Oyster
   TSL |    0.060203 EUR |   14.14 % (7d) |  -18.46 % (1d) | Energo
 SAFEX |    0.021880 EUR |   10.91 % (7d) |   -0.92 % (1d) | Safe Exchange Coin
   SBD |    3.563463 EUR |   11.39 % (7d) |  -15.31 % (1d) | Steem Dollars
BITCNY |    0.137332 EUR |    8.54 % (7d) |   -2.30 % (1d) | bitCNY
   XWC |    0.107958 EUR |    2.50 % (7d) |   -0.43 % (1d) | WhiteCoin
  RISE |    0.199348 EUR |   10.73 % (7d) |   -8.85 % (1d) | Rise
   LEO |    0.227559 EUR |    1.91 % (7d) |    0.34 % (1d) | LEOcoin
  AURA |    0.197378 EUR |   34.94 % (7d) |   27.35 % (1d) | Aurora DAO
```

Als Übung können Sie sich an dieser Stelle auch das Modul `csv` ansehen. Damit können CSV-Dateien gelesen werden. Hierbei ist auch die Angabe eines Feldtrenners (*delimiter*) und der Einschluss-Zeichen für Strings (*quotechar*) und diverser anderer Parameter möglich.

Damit lassen sich auch komplexere Dateien mit wenigen Zeilen Code einlesen. Selbstverständlich ist das Schreiben von CSV-Dateien damit auch möglich.

Hier nochmals der komplette Code:

```python
#!/usr/local/bin/python3
import requests
import json

def printStats(item):
    global myPortfolio
    global sumBuy
    global sumAct

    print("%6s | %10.6f EUR | " % (item['symbol'], float(item['price_eur'])), end="")
    print("%6.2f %% (7d) | "    % float(item['percent_change_7d']), end="")
    print("%6.2f %% (1d) | "    % float(item['percent_change_24h']), end="")

    if item['symbol'] in myPortfolio.keys():
        buyPrice = myPortfolio[item['symbol']][0]*myPortfolio[item['symbol']][1]
        sumBuy += buyPrice

        actPrice = myPortfolio[item['symbol']][0] * float(item['price_eur'])
        sumAct += actPrice

        print("%7.2f -> %7.2f EUR " % (buyPrice, actPrice))
    else:
        print("%s"                 % item["name"])

# load actual rates
data = requests.get("https://api.coinmarketcap.com/v1/ticker/?convert=EUR&limit=300")
json = json.loads(data.content)
```

```python
# create empty dict myPortfolio and global Sum-Vars
myPortfolio = {}
sumBuy = 0
sumAct = 0

# load portfolio from csv file
with open("portfolio.csv", "r") as file:
    lineCount = 0
    for line in file:
        lineCount += 1
        # cont process first line with headline
        if lineCount > 1:
            tmp = line.rstrip().split(";")
            # Add a Tuple with amount, buy-price to the
            # dictionary with code as key
            myPortfolio[tmp[0]] = (float(tmp[1]), float(tmp[2]))

# print out stock values
print("""IN STOCK:
--------------------------------------------------------------------------------""")
for item in json:
    if item['symbol'] in ["XMR", "STEEM"]:
        printStats(item)

print(
"--------------------------------------------------------------------------------")
print("TOTAL: %50s %7.2f -> %7.2f EUR" % ("", sumBuy, sumAct))
print("\n")

# print out interesting and cheap
print("""POSITIVE TREND BARGINS:
--------------------------------------------------------------------------------""")
for item in json:
    if item['percent_change_7d'] is not None:
        if float(item['price_eur']) < 10 and float(item['percent_change_7d'])>0:
            printStats(item)
```

Exkurs Zeichenkodierung

Wie wir bereits wissen arbeitet der Rechner intern mit dem Binärsystem und stelle alles als eine Folge von Einsen und Nullen dar. Daher benötigen wir Zeichensätze, die eine Zuordnung einer binären Kette zu einem Zeichen darstellen. Im Grunde ist das nicht anderes als eine Tabelle, die jedem binären Code ein Zeichen zuordnet.

Hierbei gibt es beispielsweise die ISO-Zeichensätze mit einer Länge von 8 Bit / Zeichen. Damit sind allerdings maximal 256 Zeichen darstellbar. Das bedeutet, dass wir in einem einzigen Zeichensatz unmöglich die ganzen Zeichen abdecken, die wir Weltweit finden.

Wie wichtig es ist den richtigen Zeichensatz zu kennen in dem Daten abgespeichert wurden zeigt folgendes Beispiel:

```
#!/usr/local/bin/python3
for charEnc in ["ISO-8859-1", "ISO-8859-5", "ISO-8859-7"]:
    with open("umlaute.txt", "r", encoding=charEnc) as file:
        for line in file:
            print(charEnc + ": " + line.strip())
```

liefert:

```
ISO-8859-1: abcd öäü
ISO-8859-5: abcd iφќ
ISO-8859-7: abcd φδό
```

Hier lesen wir die gleiche Datei in drei verschiedenen Zeichenkodierungen ein. Wir erhalten in dem Fall bei den Buchstaben idente Ergebnisse aber die Umlaute liefern jeweils andere Zeichen.

Wir erhalten hier keinen Fehler wenn wir eine Datei mit dem falschen Zeichensatz öffnen und es gibt keine 100% zuverlässige Methode zu prüfen welchem Zeichensatz eine Datei verwendet wenn wir nicht den genauen Inhalt kennen. Daher ist es auch essentiell wichtig darauf zu achten, dass beim schreiben und lesen von Text-Dateien der richtige Zeichensatz verwendet wird.

Das lässt sich nur dadurch erreichen, dass dieser explizit angegeben wird!

Seitdem das Internet so groß geworden ist und immer mehr Menschen global zusammen arbeiten ist der Datenaustausch zwischen Personen oder unternehmen in verschiedenen Ländern immer häufiger der Fall.

Um hierbei ein heilloses Chaos zu vermeiden wurde UTF-8 entwickelt. Dieser Zeichensatz beinhaltet alle möglichen Zeichen der verschiedensten Sprachen.

Sehen wir uns dazu ein Beispiel an:

```
for charEnc in ["UTF-8", "ISO-8859-1", "ISO-8859-5", "ISO-8859-7"]:
    with open("umlaute_utf8.txt", "r", encoding=charEnc) as file:
        for line in file:
            print(charEnc + ": " + line.strip())
```

liefert:

```
UTF-8: abcd ?.! öäü лжи λφα
ISO-8859-1: abcd ?.! Ã¶Ã¤Ã¼ Ð»Ð¶Ð¸ Î» Î±
ISO-8859-5: abcd ?.! УЖУЄУМ аЛаЖаИ ЮЛ ЮБ
ISO-8859-7: abcd ?.! ΓΑΓΕΓΟ Π»ΠΑΠΕ Ξ» Ξ±
```

In der gleichen Datei lassen sich nun deutsche Umlaute, kyrillische und griechische Zeichen unterbringen. Das ist aber noch längst nicht alles - Sie können in UTF-8 auch chinesische Schriftzeichen, Thai-Schriftzeichen und vieles mehr verwenden.

Dazu wird ein genialer Mechanismus verwendet - sehen wir uns einmal den Unterschied in der Ausgabe von öäü in UFT-8 zu ISO-8859-1 an:

öäü wird zu Ã¶Ã¤Ã¼

Hierbei fällt sofort auf, dass aus 3 Zeichen auf einmal 6 Zeichen geworden sind. Häufig verwendete Zeichen wie die gewöhnlichen Buchstaben der englischen Sprache oder die Satzzeichen werden mit 8bit dargestellt. Wie wir bei den ISO-Zeichensätzen schon gelesen haben limitiert dies die maximal darstellbare Anzahl der Zeichen aber auf 256. Darum werden spezielle Zeichen wie Umlaute, kyrillische Buchstaben, etc. mit einer höheren Anzahl an Bits dargestellt.

So werden aus dem ö dann einfach 2 Buchstaben, die im ISO-8859-1 als Ã¶ interpretiert werden. Durch die Verdoppelung der Bits in so einem Fall sind deutlich mehr Zeichen im gleichen Zeichensatz darstellbar.

Das macht UTF-8 sehr universell und Sie sollten diese Kodierung immer verwenden wenn es nicht zwingende Gründe gibt eine andere Kodierung zu benutzen. Hierzu reicht ein schlichtes encoding="UTF-8" als zusätzlicher Parameter bei open().

Objektorientierung

Objektorientierte Programmierung (*OOP*) ermöglicht es zusammengehörige Logik in einer sogenannten Klasse zu bündeln. Außerdem kann diese Klasse private und öffentliche Eigenschaften
(*Daten*) und Methoden (*Funktionen*) besitzen.

Damit ist es nicht nur möglich logische Einheiten zu bilden und so für mehr Struktur und Ordnung
zu sorgen, sondern auch festzulegen welche Methoden und Eigenschaften dem Nutzer der Klasse
zugänglich sein sollen und welche nur intern verwendet werden.

Erinnern wir uns an den Aufruf von `requests.get()` zurück - uns interessiert nicht wie diese
Klasse Pakete zusammenstellt und diese an den Server sendet oder wie diese Klasse überprüft,
ob alle Pakete unbeschädigt angekommen sind und eventuell beschädigte Pakete nochmals von
Server anfordert. Uns interessiert einzig und allein, dass wir am Ende die benötigten Daten zur
Verfügung haben.

Vielmehr wäre es eher kontraproduktiv wenn jeder der mit dieser Klasse arbeitet auf alle Funktionen Zugriff hätte und so unbeabsichtigt sogar Abläufe stören könnte. Genau darin liegt der
Vorteil gegenüber losen Funktionen.

Sehen wir uns einfach ein etwas ausführlicheres Beispiel an:

```
!/usr/local/bin/python3
class Articles():
    def __init__(self):
        self.__artList = {}
```

Mit `class Name():` leiten wir den Code-Block für die Klasse ein. Die Funktion `__init__()` ist
der sogenannte Konstruktor und wird immer dann ausgeführt wenn wir eine neue Instanz dieser
Klasse erzeugen. Instanzen sind in diesem Zusammenhang einzelne Variablen vom Typ der Klasse.
Der Name des Konstruktors muss immer `__init__` lauten.

In unserem Beispiel erzeugen wir ein leeres Dictionary namens `__artList`. Alle Variablen und
Methoden deren Name mit `__` beginnt sind privat und können von außerhalb der Klasse nicht
aufgerufen werden.

Der Parameter `self` ist dein Zeiger auf die aktuelle Instanz. Stellen Sie sich vor wir schreiben eine
Klasse Auto - damit können wir dann verschiedene Variablen vom Typ Auto (*Instanzen*) anlegen.
Wenn wir nun beispielsweise die Farbe von `auto1` mit `auto1.setColor("rot")` ändern zeigt
`self` auf die entsprechende Speicheraddresse von `auto1` damit auch der Wert bei dem richtigen
Auto hinterlegt wird.

Eine Klasse ist wie ein Bauplan und es wird erst dann ein Objekt erstellt wenn wir eine Instanz
der Klasse anlegen.

```
def __len__(self):
    return len(self.__artList)

def __str__(self):
    return "Articles(" + str(self.__artList) + ")"
```

Die Methoden `__len__()` und `__str__()` steuern was passiert wenn die Instanz mit `len()` überprüft bzw. mit `print()` ausgegeben wird. Auch diese Namen müssen genauso lauten.

```
def addArticle(self, ean, artName):
    if type(ean) == int:
        self.__artList[ean] = { "name" : artName }
    else:
        raise ValueError("EAN number must be Int")
```

Hiermit erstellen wir eine Methode mit dem Namen `addArticle`, die zwei Parameter übergeben bekommt. Der Parameter `self` wird automatisch zugewiesen und muss beim erstellen der Variable auch nicht berücksichtigt werden. Wenn wir den Methoden-Namen ansehen merken wir, dass diese Methode öffentlich verfügbar ist.

Interessant ist hier auch, dass wir beim Erstellen der Instanz auch gleich die Logik einbauen können, die Fehler vermeidet. Die Abfrage `if type(ean) == int:` ist an der Stelle eher eine Andeutung und keine ordentliche Überprüfung der Daten. Dazu müsste man den Aufbau der Nummer und die Länge genauso prüfen wie den Artikelnamen. Das würde das Beispiel aber nur länger und unübersichtlicher machen.

```
def getDatasheet(self, ean):
    print(self.__getName(ean) + " [" + str(ean) + "]")
    print("---------------------------------------------")
    print(self.__getDesc(ean))
    print("EUR %7.2f" % self.__getPrice(ean))
```

Auch diese Methode ist für den Nutzer der Klasse zugänglich. Sie sorgt für eine Ausgabe der ganzen Artikeldaten damit wir etwas sehen und herumprobieren können.

```
def __getName(self, ean):
    return self.__artList[ean]["name"]

def __getDesc(self, ean):
    return self.__artList[ean]["desc"]

def __getPrice(self, ean):
    return self.__artList[ean]["price"]
```

Diese privaten Hilfsfunktionen habe ich so definiert weil diese Klasse andeutungsweise die Funktionalität zur Verfügung stellen soll mit der Shop-Betreiber die Preise seiner Waren an eine

Preisvergleichs-Webseite melden können. Somit ist die einfache Ausgabe des Preises allein nicht unbedingt sinnvoll für diesen Zweck.

Hätte ich hier einen anderen Zweck der Klasse andeuten wollen dann wäre es unter Umständen durchaus Sinnvoll gewesen diese 3 Funktionen auch öffentlich zur Verfügung zu stellen.

```python
def setDesc(self, ean, desc):
    if len(desc) > 99:
        self.__artList[ean]["desc"] = desc
    else:
        raise ValueError("Description must be at least 100 characters")

def setPrice(self, ean, price):
    if type(price) == float and price > 0.8:
        self.__artList[ean]["price"] = price
    else:
        raise ValueError("Price must be float and bigger then 0.8")
```

Es gehört zum guten Stiel den Nutzern einer Klasse nicht einfach Variablen anzubieten, denen man einen Wert zuweisen kann.

Bleiben wir bei dem Beispiel der Preisvergleichs-DB. Wir wollen keinesfalls riskieren, dass halb ausgefüllte Datensätze oder Datensätze mit ungültiger EAN, etc. bei uns in der Datenbank landen. Daher zwingen wir den Nutzer der Klasse dazu sauber zu arbeiten weil wir Werte nur über Setter-Methoden annehmen und dort prüfen ob diese sinnvoll sind und Daten nur über Getter-Methoden zurückliefern.

Damit all diese Funktionen in der Eingabe-Hilfe der IDE an der gleichen Stelle landen und natürlich auch zur besseren Übersicht haben sich die Methoden-Namen getIrgendwas und setIrgendwas eingebürgert.

```python
def send(self):
    for ean in self.__artList.keys():
        print("Sending " + str(ean) + " ... OK")

def show(self):
    for ean in self.__artList.keys():
        self.getDatasheet(ean)
        print("")
```

Die show()-Methode liefert eine Ausgabe aller Artikel. Hierbei wird einfach mit einer Schleife das komplette Dictionary durchlaufen und für jeden Eintrag die getDatasheet()-Methode aufgerufen. Im Grunde nur um zu Zeigen, dass öffentliche Funktionen auch innerhalb der Klasse aufgerufen werden können und als Debug-Ausgabe für Sie um zu sehen wie die Daten zusammenhängen.

Mit `send()` simuliere ich nur eine Datenübertragung.

Das war die Klasse, eine Datenstruktur aus einem Dictionary mit der EAN als Schlüssel. Jeder Eintrag ist wieder ein Dictionary mit Werten für Preis, Name und Beschreibung.

Daran gebunden sind die Methoden zum Anlegen und ändern der Daten sowie zur Ausgabe und zum Versand.

All das in einer logischen Einheit mit der wir nun bei verschiedensten Programmen arbeiten könnten. Der Code ist also nicht nur wiederverwendbar für eigene Projekte sondern könnte sogar an andere Entwickler verkauft werden, die eine solche Lösung benötigen würden oder er wird Partnern zur Verfügung gestellt um die Datenanlieferung zu vereinfachen.

Im Grunde schaffen wir noch besser abgegrenzte logische Teilaufgaben und genau davon lebt auch Python. Die ganzen Module die wir mit `import` nachladen und die zusätzliche Funktionalität für bestimmte Aufgaben liefern sind im Grunde nichts anderes als das was wir hier lernen.

Ich schreibe den folgenden Code in der gleichen Datei daher kann ich mir ein `import` sparen. In der Praxis würde man der Klasse zumindest eine eigene Datei spendieren und diese dann im Hauptprogramm laden.

```
art = Articles()
art.addArticle(123456789012, "Raspberry Pi 3 2GB RAM")
art.setPrice(123456789012, 39.9)
art.setDesc(123456789012, "Lorem ipsum dolor sit amet, consetetur sadipscing
elitr, sed diam nonumy eirmod tempor invidunt ut labore et.")

art.addArticle(123456789001, "Raspberry Pi 2 2GB RAM")
art.setPrice(123456789001, 34.9)
art.setDesc(123456789001, "Lorem ipsum dolor sit amet, consetetur sadipscing
elitr, sed diam nonumy eirmod tempor invidunt ut labore et.")
```

Damit erstellen wir 2 Artikel.

`art.send()` liefert:

```
Sending 123456789012 ... OK
Sending 123456789001 ... OK
```

Mit `art.show()` erhalten wir:

```
Raspberry Pi 3 2GB RAM [123456789012]
---------------------------------------------
Lorem ipsum dolor sit amet, consetetur sadipscing elitr, sed diam nonumy eir-
mod tempor invidunt ut labore et.
EUR    39.90

Raspberry Pi 2 2GB RAM [123456789001]
---------------------------------------------
Lorem ipsum dolor sit amet, consetetur sadipscing elitr, sed diam nonumy eir-
mod tempor invidunt ut labore et.
EUR    34.90
```

Das `print(art)` sorgt für die Ausgabe von:

```
Articles({123456789012: {'name': 'Raspberry Pi 3 2GB RAM', 'price': 39.9,
'desc': 'Lorem ipsum dolor sit amet, consetetur sadipscing elitr, sed diam no-
numy eirmod tempor invidunt ut labore et.'}, 123456789001: {'name': 'Raspberry
Pi 2 2GB RAM', 'price': 34.9, 'desc': 'Lorem ipsum dolor sit amet, consetetur
sadipscing elitr, sed diam nonumy eirmod tempor invidunt ut labore et.'}})
```

Und `print(len(art))` gibt 2 aus.

Sobald wir versuchen `print(art.__getPrice(123456789012))` aufzurufen erhalten wir folgenden Fehler:

```
Traceback (most recent call last):
  File "oop.py", line 66, in <module>
    print(art.__getPrice("123456789012"))
AttributeError: 'Articles' object has no attribute '__getPrice'
```

Wir wissen ja, dass die Funktion existiert aber Sie kann halt nicht aufgerufen werden und scheint daher nach außen hin nicht auf. Daher sieht es aus als würde sie gar nicht existieren.

Vererbung

Vererbung ist ein weiteres wichtiges Konzept von OOP. Im Grunde ist es recht einfach - stammt eine Klasse von einer anderen Klasse ab dann werden die Eigenschaften und Methoden der Eltern-Klasse übernommen.

In der neuen Klasse können die übernommenen Eigenschaften und Methoden dann erweitert und/oder komplett überschreiben werden. Damit das ganze etwas klarer wird sehen wir uns ein kleines Beispiel an...

```python
#!/usr/local/bin/python3
class Vehicle():
    def __init__(self, model, manufacturer, price):
        self.__model = model
        self.__manufacturer = manufacturer
        self.__price = price

    def showInfo(self):
        return self.__manufacturer + " " + self.__model

    def getPrice(self):
        return self.__price
```

Soweit sollte alles klar sein. Hier legen wir eine Basis-Klasse an die sehr allgemein gehalten ist und ein Fahrzeug mit den Eigenschaften Modellname, Hersteller und Preis beschreibt.

Die Methoden `showInfo()` und `getPrice()` liefern die Daten zurück. Um den Code knapper und überlichtlicher zu halten habe ich keine Methoden zum Ändern der Daten implementiert.

```python
class MotorBike(Vehicle):
    def __init__(self, model, manufacturer, price, hp, year, km):
        super().__init__(model, manufacturer, price)
        self.__hp = hp
        self.__year = year
        self.__km = km

    def showInfo(self):
        return super().showInfo() + ", " + str(self.__hp) + " PS, EZ " +
str(self.__year) + ", " + str(self.__km) + " km"
```

`MotorBike`, die zweite Klasse unseres Beispiels stammt von der Klasse `Vehicle` ab. Das wird durch die Schreibweise `class KlassenName(ElternKlasse)` erreicht. Das Klassennamen mit Großbuchstaben anfangen hat sich so eingebürgert und dient der Abgrenzung von den Variablennamen, die nach dieser Konvention mit einem Kleinbuchstaben beginnen.

In der __init__() Methode wird zuerst super().__init__(model, manufacturer, price) aufgerufen. Damit wird der Konstruktor der Elternklasse ausgeführt welcher die von dort geerbten Variablen model, manufacturer, price belegt. Da diese Variablen vererbt wurden müssen Sie nicht von Hand in der abgeleiteten Klasse angelegt werden. Genauso erlaubt der Aufruf von super().__init__(...) es den Konstruktor der Elternklasse in der aktuellen Klasse auszuführen und damit die drei Eigenschaften in dieser Klasse zu belegen.

Mit self.__hp = hp und den zwei folgenden Zeilen werden PS, EZ und gefahrene km als weitere Eigenschaften der Klasse definiert.

Bei der Ausgabe der Daten verfahren wir ähnlich. Zuerst holen wir die Ausgabe der Elternklasse mit super().showInfo() und ergänzen diese mit + ", " + str(self.__hp) + ... um die zusätzlichen Felder, die nur in dieser Klasse existieren.

```
class Car(MotorBike):
    def __init__(self, model, manufacturer, price, hp, year, km, doors):
        super().__init__(model, manufacturer, price, hp, year, km)
        self.__doors = doors

    def showInfo(self):
        return super().showInfo() + ", " + str(self.__doors) + "-türig"
```

Die Definition der Auto-Klasse ist noch kürzer. Hier leiten wir die Klasse von der MotorBike-Klasse ab da diese so gut wie alle benötigten Eigenschaften dort bereits implementiert sind.

Das Vorgehen ist hierbei absolut das gleiche - wir rufen mit super()... die Funktionaliät aus der Elternklasse MotorBike auf und erweitern diese um die Eigenschaft __doors für die Türanzahl.

```
class Quad(MotorBike):
    pass
```

Die einfachste Klassendefinition ist unsere Quad-Klasse. Hier erstellen wir nichts weiter als eine eins zu eins Kopie der Klasse MotorBike unter einem neuen Namen. Die Anweisung pass wird benötigt da wir in Python keine End-Markierungen für Blöcke haben. Somit sagt das pass in dem Fall nur, dass der leere Block so gewollt ist.

Damit ist das anlegen der Klassen fertig und wir können nun folgende Objekte erstellen:

```
v = Vehicle("City Fun 28.3", "KTM", 429.00)
b = MotorBike("CBR 125R", "Honda", 6990.00, 14, "05/2013", 6788)
c = Car("Fabia 1.9 TDI Kombi", "Skoda", 12990.00, 101, "09/2014", 37855, 5)
q = Quad("King 750 AXI", "Suzuki", 4990.00, 38, "04/2014", 7985)
```

Im Grunde ist das nichts anderes als 4 Variablen anzulegen und mit den jeweils geforderten werten zu füttern.

```
for obj in [v, b, c, q]:
    print(obj.showInfo(), end="")
    print(", VKP %.2f EUR" % obj.getPrice())
```

Danach durchlaufen wir die 4 Variablen mit einer `for`-Schleife. Hier wird Ihnen vielleicht auffallen, dass die Klassen `Quad` und `Car` beide von `MotorBike` abstammen und dass in `MotorBike` keine Methode `getPrice()` angelegt wurde.

Diese Methode erbt `MotorBike` selbst von `Vehicle` und vererbt die Methode weiter an seine Kind-Klassen. Wenn wir so eine Klassenhirarchie aufbauen dann können wir den geschriebenen Code massiv verkürzen und die Wartungsfreundlichkeit erhöhen.

Natürlich macht es keinen Sinn mit Klassen und abgeleiteten Klassen zu arbeiten um ein kleines Wartungsscript mit wenigen Zeilen zu realisieren. Wenn wir aber an größeren Projekten arbeiten ist OOP der beste Weg um kompakten Code zu schreiben den wir auch gut für andere Projekte wiederverwenden können.

Lassen wir unser Programm einmal lauften:

```
KTM City Fun 28.3, VKP 429.00 EUR
Honda CBR 125R, 14 PS, EZ 05/2013, 6788 km, VKP 6990.00 EUR
Skoda Fabia 1.9 TDI Kombi, 101 PS, EZ 09/2014, 37855 km, 5-türig, VKP 12990.00 EUR
Suzuki Kirg 750 AXI, 38 PS, EZ 04/2014, 7985 km, VKP 4990.00 EUR
```

Wir erhalten für jedes Objekt die passende Ausgabe. Genau das was wir wollten - im Grunde können wir vier verschiedene Objekte mit der gleichen Methode behandeln und erhalten dennoch immer die passende Ausgabe mit den kleinen Unterschieden.

Wenn wir genau nachvollziehen wollen wie sich so ein Objekt zusammensetzt dann können wir den Aufbau mit

```
print(c.__dict__)
```

ausgeben lassen. Bei unserem Auto erhalten wir beispielsweise:

```
{
  '_Vehicle__model': 'Fabia 1.9 TDI Kombi',
  '_Vehicle__manufacturer': 'Skoda',
  '_Vehicle__price': 12990.0,
  '_MotorBike__hp': 101,
  '_MotorBike__year': '09/2014',
  '_MotorBike__km': 37855,
  '_Car__doors': 5
}
```

Module

Wir haben in den letzten Kapiteln schon davon gesprochen, dass wir mit Funktionen und Klassen Code-Teile auslagern können so dass mehrere Entwickler an einem Projekt arbeiten können und/ oder dass wir wiederverwendbare Bausteine erstellen. Genau darum soll es hier gehen.

Der einfachste Fall ist ein Modul, dass aus einer Datei besteht. Zur Demonstration erstelle ich folgende Python-Datei

```
#!/usr/local/bin/python3
def x():
    print("xxx")

def y(string):
    print(string)
    interanlFunc()

def z()
    return "zzz"

def interanlFunc():
    print("interne Funktion wird ausgeführt")
```

und speichern diese als `myModule.py` im gleichen Ordner wie das Hauptprogramm. Ich denke - auf den Inhalt der Datei muss ich an dieser Stelle nicht mehr näher eingehen - also erstellen wir ein Hauptprogramm, dass dieses Modul lädt:

```
#!/usr/local/bin/python3
import myModule
myModule.x()                    => xxx
```

Um das Modul zu laden reicht als `import dateiname` (*ohne .py*). Wichtig ist nur, dass das Modul eine `.py`-Datei sein muss!

Auf die Funktion können wir dann mit der Schreibweise `modulname.funktion()` zugreifen. Das macht auch durchaus Sinn um zu verhindern, dass Funktions- und Klassennamen der Module mit denen des Hauptprogrammes kollidieren.

Jetzt gibt es allerdings relativ lange Modulname und diese immer wieder zu tippen ist mühsam und bietet dazu noch zusätzliches Potential für Tippfehler.

```
#!/usr/local/bin/python3
import myModule as mm
mm.x()                          => xxx
```

Mit dem Zusatz `as mm` nach dem Modulnamen benennen wir das Modul um und können damit eine Kurzschreibweise definieren. Danach können wir statt `myModule` einfach nur noch `mm` schreiben.

```
#!/usr/local/bin/python3
from myModule import y, z
y(z())
```

Wenn wir nur eine oder ein paar bestimmte Funktionen benötigen können wir diese gezielt importieren und sie danach auch ohne Angabe des Modulnamens aufrufen. Dann sehen wir mal ob das so klappt:

```
zzz
interne Funktion wird ausgeführt
```

Sehr gut - obwohl wir nur `y()` und `z()` importiert haben klappt die Ausführung. Wenn wir uns die Funktion `y()` im Modul ansehen dann wird innerhalb dieser Funktion eine weitere Funktion Namens `interanlFunc()` aufgerufen.

Das heißt wir müssen nicht unbedingt den genauen Aufbau einer Funktion kennen um Sie benutzen zu können. Es reicht zu wissen was die Funktion macht, welche Parameter sie erwartet und was zurückgeliefert wird.

Dennoch ist diese Schreibweise etwas problematisch weil mal schnell übersieht was auf diese Weise importiert wurde. In so einem Fall läuft man Gefahr Funktionen versehentlich zu überschreiben. Dazu sehen wir uns einmal das Worst-Case-Szenario an...

```
#!/usr/local/bin/python3
from myModule import *

def z():
    print("X-X-X")

y(z())
```

Nun liefert das Script folgende Ausgabe:

```
X-X-X                            <= Hauptprogramm z()
None                             <= myModule.y()
interne Funktion wird ausgeführt <= myModule.internalFunc()
```

Wir haben also die Funktion `z()` unwissentlich oder versehentlich überschrieben. Wenn wir nun `y(z())` aufrufen wird die `z()`-Funktion des Hauptprogrammes aufgerufen und schreibt X-X-X. Da die `z()` vom Hauptprogramm keinen Rückgabewert liefert wird der `myModule.y()` auch nichts übergeben und daher bleibt der erwartete String eben leer. Daher wird in der zweiten Zeile

`None` **von dem** `print(s)` **aus** `myModule.y()` ausgegeben. Danach wird wie gewohnt die `internalFunc()` ausgeführt und das Programm beendet.

Wenn Ihnen das schon fast zu unübersichtlich ist und Sie Mühe haben nachzuvollziehen wie sich wo, welche Funktionen überschreiben dann, stellen Sie sich einfach ein Programm vor, in dem Sie schon ein gutes Dutzend Funktionen geschrieben haben und was dann dabei rauskommt wenn Sie mit `from modul import *` weitere 20, 30 oder 100 Funktionen in Ihr Programm werfen ohne zu wissen wie die alle heißen und wie sie zusammenhängen, welche Funktionen von Ihrem Programm überschrieben werden und dann vergessen Sie `from modul import *` ganz schnell wieder!

Weil dies aber eine gute Übung ist will ich Ihnen an dieser Stelle schnell zeigen wie man mit dem Debugger solche Probleme aufspürt... Dazu starten wir mit der F5-Taste den Debugger von VS Code. Danach sollten wir folgendes sehen:

Bevor ich den Debugger gestartet habe, habe ich links vor der Zeilennummer 7 hingeklickt um dort diesen roten Punkt zu setzen. Sie können das aber natürlich auch jetzt noch machen.

Das ist ein sogenannter Breakpoint. Mit einem Debugger können wir das Programm schrittweise durchlaufen und sehen was genau passiert. Hat ein Programm nun aber tausende oder zigtausende Schritte auszuführen bevor wir an die Stelle mit dem Problem kommen dann wäre es äußerst ungut, wenn man sich beim Debuggen erst stundenlang zu der Stelle vorklicken müsste. Daher gibt es diese Breakpoints um dem Debugger zu sagen an welcher Stelle im Programm wir wieder anhalten wollen wenn wir mit dem Play-Button das Programm laufen lassen.

Nach einem Klick auf Play springt der gelbe Balken auf die Zeile 7 - unseren Patienten. Ab nun Arbeiten wir mit Einzelschritten (*der Blaue Pfeil nach unten mit dem Punkt in der Debugger-Leiste*) bzw. die `F11`-Taste.

Der nächste Schritt ist das Ausführen der Zeile 5 im Hauptprogramm. Wir wissen nun also welche `z()`-Funktion aufgerufen wird.

Wenn wir darüber nachdenken ist das auch logisch. In Zeile 2 importieren wir alle Funktionen und in Zeile 4 erstellen wir die zweite `z()`-Funktion. Hier verhält sich Python leider bei Funktionen und Variablen gleich und lässt es zu, dass eine Funktion einfach überschrieben wird.

Bei anderen Programmiersprachen würde der Compiler oder Interpreter einen Fehler auswerfen und man müsste sich das ansehen. Wenn man das Verhalten aber kennt, dann kann man sich darauf einstellen. Daher halte ich generell nicht viel davon Funktionen einzeln oder alle auf einmal `from ...` zu importieren.

Einen Schritt weiter springen wir zur Zeile 7 zurück. `z()` vom Hauptprogramm ist fertig und das Programm springt dahin zurück von wo aus die Funktion aufgerufen wurde.

Jetzt würde `y()` eigentlich erwarten von `z()` einen String zu erhalten aber die `z()` Funktion des Hauptprogrammes gibt ja bekanntlich keinen Wert zurück.

Also weiter mit dem nächsten Programmschritt...

```
stabe.py   j  ▶  ↓  ↑  ↺  ■     y      oop2.py      myModule.py ✕     demo1.py
    1   #!/usr/local/bin/python3
    2   def x():
    3       print("xxx")
    4
    5   def y(string):
 ▶  6       print(string)
    7       interanlFunc()
    8
    9   def z():
   10       return "zzz"
```

Jetzt landen wir im Modul und `print(string)` soll ausgeführt werden. Also sehen wir uns den inhalt der Variable `string` näher an:

```
stabe.py   j  ▶  ↓  ↑  ↺  ■     y      oop2.py      myModule.py ✕     demo1.py
    1   #!/usr/local/bin/python3
    2   def x():
    3       print("xxx")
    4
    5   def y(string) None
 ▶  6       print(string)
    7       interanlFunc()
    8
    9   def z():
   10       return "zzz"
```

Wenn wir den Mauszeiger über `string` halten erscheint eine kleine Tooltip-Box, die uns den Inhalt der Variable (*None in dem Fall*) anzeigt.

Im Grunde haben wir damit beide Mysterien (*falsche Ausgabe und eine Zeile mehr als erwartet*) gelöst und wir können das Programm mit Play weiter laufen lassen.

Sie sehen ein Debugger kann Gold wert sein, wenn man analysieren will warum ein Programm sich nicht wie erwartet verhält!

Natürlich haben wir den Fehler in dem Fall bewusst provoziert und einen geübten Programmierer sollte Auffallen, dass er `y()` eine Funktion übergibt, die keinen Parameter liefert und das kann daher kaum Sinn machen.

Stellen Sie sich nun aber vor unsere `z()` Funktion würde nun aber nicht aus dem Hauptprogramm stammen sondern wäre von einem weiteren Modul dass wir auf diese Weise laden überschrieben worden. Oder der Aufruf von `y(z())` würde innerhalb einer Funktion erfolgen oder `z()` wäre der Default-Wert eines Parameters, … Es gibt viele Möglichkeiten die hierbei schief gehen können. Also in der Regel nehmen Sie von dieser Import-Methode Abstand!

Komplexe Module in einem Ordner

Genausowenig wie es Sinn macht hunderttausende Zeilen eines Programmes in eine einzige Datei zu schreiben macht es Sinn zehntausende Zeilen eines großen Modules in eine einzige Datei zu packen. Ganz abgesehen davon, dass beides sehr unübersichtlich wäre können mehrere Programmierer auch nicht gleichzeitig in einer Datei editieren.

Daher werden größere Module, die aus mehreren Dateien bestehen, als ein Ordner angelegt. Damit Python weiß, dass es sich bei dem Ordner um ein Modul handelt, muss dieser Ordner eine Datei namens __init__.py beinhalten.

Sehen wir uns das Beispiel-Modul einmal an:

```
user@mint $ ls myBigMod/
__init__.py          internalSubModule.py     track.py            trick.py
```

Ich habe die Teile des Moduls trick und track genannt. Dazu gibt es ein Submodul, dass nur intern verwendet wird. Ähnlich wie bei Klassen kann man so bestimmen was nach Außen hin sichtbar sein soll und was nicht.

Sehen wir uns zuerst einmal die Dateien an...

__init__.py

```
__all__ = ["trick", "track"]

from . import trick
from . import track
```

Die Liste __all__ wird verwendet wenn wir from modul import * verwenden. Falls wir das gesamte Modul einfach mit import modul laden wollen brauchen wir die einzelnen Import-Befehle in der __init__.py zusätzlich.

internalSubModule.py

```
def yyy3():
    print("YYY YYY YYY")
```

Hier ist nur eine Funktion drin, die für eine Ausgabe sorgt um zu zeigen, dass das Modul dennoch funktioniert auch wenn wir nur einen bestimmten Teil davon laden. Es werden natürlich intern alle weiteren Import-Anweisungen ausgeführt.

track.py

```
from . import internalSubModule

def printy():
    internalSubModule.yyy3()
```

Die Import-Anweisung gestaltet sich hier ein wenig anders. Das `from` . steht in dem Fall für das aktuelle Modul und das muss angegeben werden, da Python sonst nicht im aktuellen Ordner nach dem Modul sucht.

Hier definieren wir eine Funktion, in der einfach nur die Funktion des internen Sub-Moduls verwendet wird.

trick.py

```
def printx():
    print("XXX XXX XXX")
```

Auch dieses Modul hat wieder einen sehr überschaubaren Code - genau eine Funktion.

Dann schauen wir mal wie das Hauptprogramm aufgebaut ist:

```
#!/usr/local/bin/python3
import myBigMod

myBigMod.trick.printx()                    => XXX XXX XXX
myBigMod.track.printy()                    => YYY YYY YYY
```

Soweit so gut - wir können mit `modul.submodul.funktion()` auf die einzelnen Programm-Teile zugreifen. Hier macht auch das Umbenennen Sinn um etwas Tipparbeit zu sparen...

```
#!/usr/local/bin/python3
import myBigMod as mbm

mbm.trick.printx()                    => XXX XXX XXX
mbm.track.printy()                    => YYY YYY YYY
```

Natürlich können wir auch nur einen bestimmten Teil des Modules laden wenn wir nicht auf alle Funktionen Zugriff benötigen. Daher macht auch hier wieder die Trennung großer Module in logische kleinere Einheiten Sinn.

```
#!/usr/local/bin/python3
from myBigMod import track

track.printy()                          => YYY YYY YYY
```

Jetzt können wir uns auch den Namen des übergeordneten Moduls sparen und der Aufruf wird noch kürzer. Falls wir an dieser Stelle Namenskollisionen hätten ließe sich das Modul auch noch umbenennen...

```
#!/usr/local/bin/python3
from myBigMod import track as trrrack

trrrack.printy()                        => YYY YYY YYY
```

Damit sollten Sie nun für alle Fälle gerüstet sein...

Wie Sie anhand der Ausgabe auch sehen wird, innerhalb von `track` das `internalSubModule` auch wieder geladen, ohne das wir es explizit angeben müssen. Auch hier gilt wieder wenn sie wissen wozu ein Modul dient, welche der Funktionen Sie mit welchen Daten füttern müssen und was dann als Rückgabewert unten rauskommt, können Sie damit problemlos arbeiten.

Um den internen Aufbau brauchen Sie sich keine Gedanken machen. Natürlich sind die Module auch ein guter Ansatzpunkt um mal nachzusehen wie andere Entwickler etwas lösen und zum Lernen kann man sich darin viel ansehen aber es ist zumindest keine Voraussetzung um damit zu arbeiten.

Fehlerbehandlung

Bis dato haben wir versucht, mögliche Fehler zu bedenken. Das ist eine gute Praxis wenn wir mit User-Eingaben arbeiten.

In vielen anderen Fällen steigt die Anzahl möglicher Fehler extrem an und wir werden schwerlich jeden dieser Fehler im Vorfeld bedenken können. Nehmen wir dazu einfach das Laden von Daten aus dem Internet: Der Server kann nicht erreichbar sein, die Verbindung kann während der Übertragung abreißen, die Datei kann gelöscht worden sein, der Zugriff auf die Datei wird verweigert wegen unzureichender Rechte, der Download kann erfolgen aber die Datei beim Transport beschädigt werden, die Datei kann überschrieben worden sein und nun einen ganz anderen Inhalt haben als unser Programm erwartet, uvm.

Sie sehen wir haben nicht nur eine umfangreiche Liste an möglichen Fehlern, sondern einige der Fehler kann man vorab gar nicht ausschließen. So kann man vorab unmöglich ausschließen, dass eine Datei beim Download beschädigt wird und nach dem Download zu testen, ob die Datei intakt ist gestaltet sich oft äußerst schwierig wenn man keine MD5 oder SHA Checksumme hat.

Daher ist es in vielen Fällen effizienter Fehler abzufangen und darauf zu reagieren. Vor allem stellt es sicher, dass wir keinen möglichen Fehler vergessen haben. Und so können wir das in Python realisieren:

```
#!/usr/local/bin/python3

try:
    print("Try-Block Beginn")

    with open("xxx", "r") as file:
        print(file)
        for line in lines:
            print(30 / int(line.strip()))

    print("Weitere Anweisungen im Try-Block")
except FileNotFoundError:
    print ("Kann xxx nicht finden")
except:
    print ("Unerwarteter Fehler aufgetreten")

print("Weitere Anweisungen nach dem Try/Except-Block")
```

Sehen wir uns einmal die Ausgabe des Scriptes an:

```
Try-Block Beginn
Kann xxx nicht finden
Weitere Anweisungen nach dem Try/Except-Block
```

Wir sehen den Beginn des `try`-Blocks, da die Datei `xxx` nicht existiert tritt ein Fehler im `with`-Block auf und der ganze Try-Block wird abgebrochen. So wird auch der `print`-Befehl "`Weitere Anweisungen im Try-Block`" nach dem `with`-block übersprungen.

Daher bietet es sich an im `try`-Block allen Code unterzubringen der davon abhängt, dass das Lesen der Datei klappt.

Tritt ein Fehler auf wird der passende `except`-Block ausgeführt. In unserem Fall ist hier ein `FileNotFoundError` aufgetreten und daher wird auch dieser Block abgearbeitet. Um zu zeigen was passiert wenn es klappt, legen wir die Datei `xxx` mit einer Zeile in der 10 steht an.

```
user@mint $ echo "10" > xxx
```

Danach können wir das Script wieder laufen lassen:

```
Try-Block beginn
<_io.TextIOWrapper name='xxx' mode='r' encoding='UTF-8'>
3.0
Weitere Anweisungen im Try-Block
Weitere Anweisungen nach dem Try/Except-Block
```

Alle Programmanweisungen wurden wie gewünscht durchlaufen. Zuerst wird der Dateihandler ausgegeben und danach wir das Resultat der Berechnung `30 / 10` ausgegeben.

Um zu sehen wozu wir den zweiten `except`-Block brauche werden wir einen weiteren Fehler erzeugen. Dazu werden wir eine weitere Zeile hinzufügen, die die Zahl 0 enthält. So simulieren wir, dass in einer Datei unerwartete Einträge enthalten sind. Dadurch wird ein anderer Fehler (`ZeroDivisionError`) auftreten.

```
user@mint $ echo "0" >> xxx
```

Und wir lassen das Script wieder laufen:

```
Try-Block beginn
<_io.TextIOWrapper name='xxx' mode='r' encoding='UTF-8'>
3.0
Unerwarteter Fehler aufgetreten
Weitere Anweisungen nach dem Try/Except-Block
```

Die Zeile `Weitere Anweisungen im Try-Block` wird übersprungen, da bei der Berechnung von `30 / 0` ein Fehler auftritt. Da wir nicht explizit einen `except`-Block für den `ZeroDivisionError` angelegt haben, wird der Default-`except`-Block ohne spezifizierten Fehler ausgeführt.

Natürlich ist der Hinweiß auf einen nicht erwarteten Fehler wenig Hilfreich für den User aber immer noch besser als ein Programmabsturz mit Datenverlust. Es wäre genausogut denkbar gewesen, dass Sie keine Berechtigung haben auf die Datei zuzugreifen. Dies kann dadurch geschehen, dass bereits jemand anders mit der Datei arbeitet oder ein Administrator Ihnen den Zugriff auf diese Datei entzogen hat.

Daher sollte man einen Default-except-Block auch immer verwenden. In so einen Block bietet es sich auch an, nähere Infos zu dem Fehler in eine Log-Datei zu schreiben. Mit

```
exc_type, exc_obj, exc_tb = sys.exc_info()
print(exc_type)
print(exc_obj.__doc__)
print(exc_tb.tb_frame.f_code.co_filename)
print("line: " + str(exc_tb.tb_lineno))
```

haben Sie Zugriff auf mehr Informationen:

```
<class 'ZeroDivisionError'>
Second argument to a division or modulo operation was zero.
demo1.py
line: 14
```

Diese Daten gepart mit dem Dateihandler file und wir können den Fehler relativ einfach nachvollziehen. Hierbei sollte der Fehler nicht ausgegeben werden da User diese allzuoft wegklicken um schnell noch die Arbeit zu speichern bevor alles abstürzt und dann den Fehler nicht mehr genau wiedergeben können.

Noch eleganter ist die Lösung einen solchen Fehlerbericht zu erstellen und per Mail an den Entwickler zu senden oder in einer Fehler-Datenbank anzulegen auf die der Entwickler Zugriff hat.

Damit haben wir aber noch lange nicht alle Möglichkeiten ausgeschöpft. Wir können mit Fehlern auch auf verschiedene Arten umgehen:

```
#!/usr/local/bin/python3
import math

class myDivideByZeroError(Exception):
    __doc__ = "b must be > 0"

def divide(a, b):
    try:
        return a / b
    except:
        return math.inf

def divide2(a, b):
    return a / b
```

```
def divide3(a, b):
    if b == 0:
        raise myDivideByZeroError("b must be > 0")
    return a / b

try:
    print(str(divide(1, 0)))
    print(str(divide2(1, 0)))
except ZeroDivisionError:
    print("Division durch 0 nicht erlaubt")
except:
    print("Unbekannter Fehler aufgetreten")

try:
    divide3(1, 0)
except myDivideByZeroError:
    print(myDivideByZeroError.__doc__)
```

Sehen wir einmal nach was wir nun als Ausgabe erhalten:

```
inf
Division durch 0 nicht erlaubt
b must be > 0
```

Zuerst erzeugen wir eine neue Klasse und nennen diese genauso wie später unser Fehler heißen soll. Diese muss von `Exception` abstammen! Mit der `__doc__` Eigenschaft können wir eine Fehlerbeschreibung angeben. Das macht Sinn um anderen Programmierern zu erklären was warum schief geht damit diese eine entsprechende Fehlerbehandlung machen können.

Danach erstellen wir drei Funktionen (`divide()`, `divide2()` und `divide3()`) in denen wir die Fehler jeweils unterschiedlich handeln.

In `divide()` handeln wir den Fehler sozusagen intern und geben hier die Konstante `inf` des `math`-Moduls zurück. Dadurch wird kein Fehler ausgegeben - derjenige der diese Funktion benutzt müsste also auf den Rückgabewert `inf` achten. Im schlimmsten Fall könnten hier Berechnungen, die mit diesen Rückgabewert arbeiten falsche Ergebnisse liefern. Dennoch gibt es durchaus Situationen in denen das einfache ignorieren des Fehlers und die Rückgabe eines Wertes der `0` oder `inf` in weiteren Berechnungen ergibt ausreicht.

Hier denke ich an eine Webseite eines Kunden. Auf dieser wird der Preis von verschiedenen Großhändlern vergleichen und der günstigste EK-Preis für die VK-Preis Berechnung genommen. An dieser Stelle reicht es eine sehr große Summe wie zB 10.000.000 zurückzugeben um sicherzustellen, dass ein ungültiger Datensatz massiv zu teuer ist und daher niemals genommen würde.

In der Funktion `divide2()` wird kein Fehlerhandling gemacht. Dafür erfolgen die Aufrufe von `divide()` und `divide2()` innerhalb eines `try`-Blockes. Findet Python keine Fehlerbehandlung innerhalb eines Blockes dann wird im übergeordneten Block danach gesucht und dann in dessen übergeordneten Block usw. bis ein Fehlerhandling gefunden wird oder der oberste Block erreicht wurde. Im letzteren Fall wird das Programm abgebrochen.

Hier gilt es aber immer abzuwägen wann ein Programm nach einem unerwarteten Fehler weiterlaufen sollte und wann nicht. Hier fällt mir ein Katalog-Export-Script ein, dass ich für einen Kunden geschrieben habe. Wenn hier ungültige Daten geliefert werden ist es besser das Export-Script bricht ab und beendet sich mit einem Fehler ohne eine Export-Datei zu schreiben bevor der Grafiker einige Stunden in das Layout mit den fehlerhaften Daten investiert.

Im Fall von `divide2()` werfen wir mit `raise myDivideByZeroError("b must be > 0")` unsere zuvor eigens erstellte Fehlerklasse. Hierbei wird einerseits die Fehlermeldung innerhalb der Klammern definiert was für eine entsprechende Ausgabe im Interpreter sorgt falls es keine Fehlerbehandlung gibt. Andererseits definiere ich auch die Eigenschaft __doc__ innerhalb der Klasse (= *Fehlerbeschreibung*) falls ein Entwickler darauf zugreift. Das ich Dinge wie hier etwas ausführlicher als unbedingt nötig und möglichst eindeutig mache liegt einfach daran, dass ich oft mit Freelancern für das ein- oder andere Projekt zusammenarbeite und daher nie genau weiß, ob diese den einen oder anderen Weg wählen.

Sehen wir uns als nächstes an wie wir nach einem Fehler aufräumen können... Dazu verwende ich eine Art und Weise Dateien zu lesen, die ich sonst nicht empfehlen würde aber um zu zeigen wie man nach dem Fehler aufräumt oder warum das überhaupt notwendig ist, ist diese Vorgehensweise ideal:

```
#!/usr/local/bin/python3

try:
    file = open("daten.txt", "r")
    print(file)
    print("a" + 3)
    file.close()
except:
    print("Ein unerwarteter Fehler ist aufgetreten")

print(file.closed)
```

Wir öffnen eine existierende Datei und provozieren dann mit `print("a" + 3)` einen Fehler. Wir erhalten bei der Ausführung folgendes:

```
<_io.TextIOWrapper name='daten.txt' mode='r' encoding='UTF-8'>
Ein unerwarteter Fehler ist aufgetreten
False
```

Das `False` gibt an, dass die Datei nach wie vor geöffnet ist und nach wie vor Ressourcen belegt. Das mag bei einer Textdatei mit einigen Zeilen nicht ins Gewicht fallen aber wenn wir verschiedenste Dateien hintereinander bearbeiten (`Stapelverarbeitung`) dann kann das schnell zum Problem werden dann einerseits wird der RAM-Speicher immer voller und andererseits gibt es je nach Betriebssystem Limits wie viele Dateien ein Prozess gleichzeitig öffnen darf.

```
#!/usr/local/bin/python3

try:
    file = open("daten.txt", "r")
    print(file)
    print("a" + 3)
except:
    print("Ein unerwarteter Fehler ist aufgetreten")
finally:
    file.close()

print(file.closed)
```

Um das `file.close()` auf jeden Fall auszuführen habe ich es aus dem `try`-Block entfernt und in den `finally`-Block gepackt. Dieser Block wird auf jeden Fall ausgeführt - egal ob ein Fehler aufgetreten ist oder der `try`-Block fehlerfrei durchlaufen wurde - der `finally`-Block wird ausgeführt bevor das Programm mit den weiteren Anweisungen fortfährt.

```
<_io.TextIOWrapper name='daten.txt' mode='r' encoding='UTF-8'>
Ein unerwarteter Fehler ist aufgetreten
True
```

Hier bestätigt das `True`, dass die Datei nun ordentlich geschlossen wurde. Für manche Fälle ist der `finally`-Block durchaus wichtig. Oftmals kann man sich diesen Block aber sparen wenn man mit `with` arbeitet:

```
#!/usr/local/bin/python3

try:
    with open("daten.txt", "r") as file:
        print(file)
        print("a" + 3)
except:
    print("Es ist ein Fehler aufgetreten")

print(file.closed)
```

Hier erhalten wir:

```
<_io.TextIOWrapper name='daten.txt' mode='r' encoding='UTF-8'>
Ein unerwarteter Fehler ist aufgetreten
True
```

with merkt sich, dass eine Datei geöffnet wurde und schließt diese wenn der Block verlassen wird. Dabei ist es egal, ob dieser auf Grund eines Fehlers verlassen wird oder fehlerfrei bis zum Ende durchläuft.

Der Vorteil ist, dass wir uns um das schließen nicht zu kümmern brauchen und wir damit auch nicht darauf vergessen können. Viele der Scripte, die ich entwickle erledigen Wartungsaufgaben und verarbeiten tausende Dateien hintereinander oder sie laufen als Serverdienste über Wochen und Monate. Hier fällt es über kurz oder lang ins Gewicht wenn Ressourcen nicht sauber wieder freigegeben werden. Ich habe in meiner Karriere mehr als einmal Performanceprobleme aufgrund vergessener close() Anweisungen gehabt. Also gewöhnen Sie sich am besten von Anfang an das with-Konstrukt an.

Zu guter Letzt will ich Ihnen noch zeigen wie Sie die Fehlerbehandlung dazu verwenden können weitere Versuche zu starten. Hier hätte dass es keinen Sinn das Script weiterlaufen zu lassen, wenn der Download fehlschlägt, daher zeige ich Ihnen eine Methode wie Sie das Programm in so einem Fall kontrolliert beenden können.

```
#!/usr/local/bin/python3
import time, sys
import urllib.request

def download():
    zipFile = urllib.request.urlretrieve("http://gibtsnicht.com/datei.zip")
    return True

c = 0
downloaded = False
while not downloaded and c < 5:
    c += 1
    try:
        downloaded = download()
        print("Download fertig...")
    except:
        print("Versuche in 2 Sek. nochmals die Datei zu laden")
        time.sleep(2)

if not downloaded:
    sys.exit("Beende wegen kritischem Fehler")

print("Verarbeite Daten")
print("Speichere Ergebnisse der Verarbeitung")
```

Lassen wir das Programm laufen sehen wir folgende Ausgabe:

```
Versuche in 2 Sek. nochmals die Datei zu laden
Versuche in 2 Sek. nochmals die Datei zu laden
Versuche in 2 Sek. nochmals die Datei zu laden
Versuche in 2 Sek. nochmals die Datei zu laden
Versuche in 2 Sek. nochmals die Datei zu laden
Beende wegen kritischem Fehler
```

Die Funktion `download()` soll eine Datei herunterladen und den Erfolg mit dem Rückgabewert `True` melden.

Der Download wird in einer Schleife mit maximal 5 Versuchen aufgerufen. Sollte ein Fehler auftreten wird lediglich eine Warnung ausgegeben und danach eine gewisse Zeit gewartet. In der Praxis nehme ich hier allerdings zwischen 30 und 60 Sekunden und nicht 2 Sekunden.

Der Trick hierbei ist, dass wir den Fehler quasi ignorieren (*abgesehen von der Warnmeldung*) und einfach nur den nächsten Versuch verzögern. In diesem Fall müssen wir uns aber darum kümmern, dass das Programm auch beendet wird wenn nach dem mehrmaligen Versuchen immer noch kein Download erfolgte.

Daher machen wir eine finale Fehlerprüfung mit dem `if not downloaded:` und brechen das Programm mit `sys.exit()` im Fall eines Fehlschlages ab. Das hat auch den Vorteil, dass wir unter Unix/Linux-Systemen einen Rückgabewert des Programmes von 1 bekommen. Hier gilt, dass jeder Rückgabewert > 0 für einen Fehler steht.

Damit können wir auch auswerten ob das vorherige Programm erfolgreich oder mit einem Fehler beendet wurde und davon die Ausführung weiterer Programme abhängig machen. Das ist bei der Automatisation von Vorgängen, die mehrere Programme involvieren sehr nützlich.

Speziell bei Downloads aus dem Internet verwende ich diese Vorgehensweise recht gern, da in den meisten Fällen eine kurze Wartezeit dafür sorgt, dass die Internetverbindung wieder steht bzw. der Server wieder erreichbar ist. Natürlich hängt das von dem verwendeten Modul ab - `urllib.request.urlretrieve()` wirft einen Fehler auf den ich reagieren muss im Gegensatz dazu liefert `requests()` in solchen Fällen einfach nur den HTML-Statuscode 404 bzw. 403. Hier müsste man dann mit einem `if` darauf prüfen und dann entweder x Sekunden warten oder die Schleife verlassen.

Im Grunde sollte man so viele Fehler wie möglich vorab mit einer `if`-Abfrage ausfiltern und eigene Exceptions nur für Fehler einsetzen, die selten auftreten. Für die Validierung von Usereingaben oder ähnlichen Aufgaben würde ich davon abraten.

Reguläre Ausdrücke

Böse Zungen würden an dieser Stelle sagen: "Wer ein Problem mit regulären Ausdrücken löst, der hat danach zwei Probleme." Warum man das behaupten kann und was reguläre Ausdrücke sind werden wir uns nachfolgend ansehen...

Regexp - die Kurzschreibweise für regular expressions - sind ein Mechanismus zum Erkennen von Mustern in Texten. Damit wird es nicht nur möglich einen String mit einem anderen zu vergleichen, sondern auch ein abstraktes Muster zu definieren und alle Vorkommen dieses Musters innerhalb eines Strings zu finden.

Sehen wir uns einmal ein Beispiel an. Damit das Beispiel besser nachvollziehbar ist verwende ich dazu die internative Python-Shell:

```
user@mint $ python3
Python 3.5.3 (default, Jan 19 2017, 14:11:04)
[GCC 6.3.0 20170118] on linux
Type "help", "copyright", "credits" or "license" for more information.
>>> import re
>>> logLine = "Thu Feb 15 23:24:05.916 <kernel> Setting BTCoex Config:
enable_2G:1, profile_2g:0, enable_5G:1, profile_5G:0"
```

Um mit regulären Ausdrücken zu arbeiten benötigen wir das Modul `re`. Die wichtigsten Funktionen dieses Moduls sind `findall()` und `serach()`. Hierbei liefert `findall()` eine Liste aller Treffer und `serach()` liefert ein Objekt mit dem ersten Treffer zurück.

Ich lege eine Dummy-Logzeile an weil wir uns in diesem Beispiel vorstellen wollen wie wir eine Logdatei mit Hilfe von regulären Ausdrücken verarbeiten und parsen.

```
>>> print(re.findall('[0-9]+', logLine))
['15', '23', '24', '05', '916', '2', '1', '2', '0', '5', '1', '5', '0']
```

Stellen wir uns vor wir müssten alle Zahlen aus der Logzeile extrahieren. Selbst wenn wir wüssten, dass die größte Zahl maximal 999 ist, müssten wir 1010 Vergleiche (*00-09 und 0-999*) machen, dazu müssten wir uns die genauen Positionen der Zahlen in den Strings merken und jeweils abgleichen um keine doppelten Treffer zuzulassen.

Alternativ könnten wir den String am Leerzeichen trennen, alle Elemente druchlaufen, prüfen ob darin ein : enthalten ist und wenn ja dann am : trennen und wieder alle Subelemente durchlaufen und prüfen ob ein . enthalten ist und wenn ja trennen... (*Zumindes bei immer gleichen Zeilenaufbau.*)

Sie sehen also welch komplexe Logik einfach mit einem `[0-9]+` abgebildet werden kann. Hierbei gilt was in den eckigen Klammern steht als Liste von Zeichen, also alle Ziffern von 0-9 und das Plus heißt, dass diese Zeichen ein oder mehrfach vorkommen können. Da kein anderes Zeichen in der Liste definiert ist wird der Teil an der Stelle beendet an der etwas anderes als eine Ziffer steht.

```
>>> print(re.findall('[0-9]+:[0-9]+:[0-9]+', logLine))
['23:24:05']
```

Genauso einfach können wir nur das Datum herausfiltern. Hier spezifizieren wir ein oder mehrere Ziffern von 0-9 gefolgt von einem : gefolgt von ein oder mehreren Ziffern von 0-9 gefolgt von einem : gefolgt von ein oder mehreren Ziffern von 0-9.

Dieser Ausdruck funktioniert in diesem Fall zwar, würde aber auch auf 1:2345:12345 zutreffen. Daher sollten wir ihn etwas konkreter formulieren:

```
>>> print(re.findall('[0-9]{2}:[0-9]{2}:[0-9]{2}', logLine))
['23:24:05']
```

Jetzt haben wir wieder das gleiche Ergebnis und genau da liegt eine der Problematiken von Regexp. Wir definieren ein Muster das teilweise sogar recht komplex ist, testen es mit ein paar Strings und lassen es dann zig tausende Zeilen Daten verarbeiten in denen garantiert nicht bedachte falsch positive Teilstrings enthalten sind die das Script aus dem Takt bringen.

Es gilt also bei der Entwicklung von regulären Ausdrücken wie bei der Softwareentwicklung möglichst viel Testen.

```
>>> print(re.findall('[0-9]+.[0-9]+', logLine))
['15 23', '24:05', '916']
```

Hätten Sie gedacht an dieser Stelle würde das 05.916 gefunden werden? Tja, viele Zeichen haben eine Sonderbedeutung und so auch der Punkt. Er steht für ein beliebiges Zeichen also haben wir versehentlich folgenden Ausdruck formuliert:

Ein oder mehrere Ziffern von 0-9 gefolgt von einem beliebigen Zeichen gefolgt von ein oder mehreren Ziffern von 0-9.

Dann stellt sich aber die Frage warum dann 05.916 nicht wenigstens einer der Treffer ist...

Das liegt daran wie reguläre Ausdrücke arbeiten. Die Zeichenkette wird vom Anfang bis zum Ende geprüft und die Treffer extrahiert. Thu Feb entspricht nicht dem Muster und wird ignoriert, danach findet sich 15 23 wobei 15 der ersten Ziffern, das Leerzeichen dem beliebigen Zeichen und 23 dem weiteren Ziffern eintspricht. Das ist also der erste Treffer.

Der folgende : entspricht nicht dem Muster also wird er wieder ignoriert. Dann folgt aber 24:05 und auch hier passt das Muster 1-x Ziffern, beliebiges Zeichen und wieder 1-x Ziffern. Das wird also der zweite Treffer. Jetzt ist die 05 aber schon Teil eines anderen Treffers und kann folglich nicht nochmals Teil eines Treffers werden.

Aber 916 passt ja auch alleine auf das Muster denn 9 entspricht allein auch dem ersten [0-9]+ und 1 ist auch ein beliebiges Zeichen. Das zweite [0-9]+ trifft dann auf die 6 zu. Auch hier ist unser Muster wieder sehr allgemein gehalten was nicht unbedingt falsch sein muss. Es bietet aber auch genug Spielraum um Zeichenketten zu finden an die wir noch gar nicht gedacht haben. Es gilt hier also den besten Mittelweg aus geringem Spielraum für falsch positive Treffer und ausreichender Flexibilität um alle gewünschten Treffer abzudecken zu finden.

```
>>> print(re.findall('[0-9]+\.[0-9]+', logLine))
['05.916']
```

Da der Punkt eine Sonderbedeutung hat können wir ihm diese mit dem \ entziehen und so steht \. für das Punkt-Zeichen an sich. Kleine Änderung, große Wirkung - unser Muster funktioniert nun. Jetzt muss der Entwicklner nur noch abwägen ob die Anzahl der Ziffern vor oder nach dem Punkt beliebig sein soll oder eine genauere Spezifikation der Ziffernanzahl sinnvoll wäre.

```
>>> print(re.findall('[^\s]+', logLine))
['Thu', 'Feb', '15', '23:24:05.916', '<kernel>', 'Setting', 'BTCoex', 'Con-
fig:', 'enable_2G:1,', 'profile_2g:0,', 'enable_5G:1,', 'profile_5G:0']
```

Wir können auch mit Zeichenklassen arbeiten um die split()-Methode nachzubilden. Hier spezifizieren wir eine Nagativ-Liste denn ^ steht für alles außer und \s für Whitespaces (*Leerzeichen, Tabulatoren, etc.*).

Das Muster lautet also ein bis beliebig viele Zeichen, die keine Whitespaces sind. In Verbindung mit findall() haben wir das gleiche Verhalten wie split(), aber wozu brauchen wir das dann?

```
>>> print(re.findall('[^\s,]+', logLine))
['Thu', 'Feb', '15', '23:24:05.916', '<kernel>', 'Setting', 'BTCoex', 'Con-
fig:', 'enable_2G:1', 'profile_2g:0', 'enable_5G:1', 'profile_5G:0']
```

Tja die Musererkennung kann auch gleich die Einträge bereinigen. Also passen wir das Muster an:

[^\s,]+ heißt: Ein bis beliebig viele Zeichen, die keine Whitespaces oder ein Bestrich sind.

Und schon werden aus Treffern wie 'enable_2G:1,' solche bereinigten Treffer: 'enable_2G:1' Im Gegensatz zu Split ist es auch egal ob die Fehler mit einem oder mehreren Leerzeichen, mit wievielen Leerzeichen oder sogar mit Tabulatoren getrennt sind. Das Muster wird immer greifen selbst wenn Leerzeichen und Tabulatoren gemischt werden.

Versuchen wir uns hier nochmals die wichtigsten Grundlagen zu erarbeiten:

```
>>> print(re.search('abc', "abcdefg"))
<_sre.SRE_Match object; span=(0, 3), match='abc'>
```

Ein Muster kann im einfachsten Fall ein einfacher String sein und muss keine Zeichen mit Sonderbedeutung enthalten.

```
>>> print(re.search('abc?', "abbdefg"))
<_sre.SRE_Match object; span=(0, 2), match='ab'>
>>> print(re.search('abc?', "abcdefg"))
<_sre.SRE_Match object; span=(0, 3), match='abc'>
>>> print(re.search('abc?', "abcccdefg"))
<_sre.SRE_Match object; span=(0, 3), match='abc'>
```

Das ? steht für 0-1 Vorkommen des Zeichens links davor. Daher werden immer nur Vorkommen von ab oder abc gefunden. Das zuvor vorgestellte + steht für 1 bis beliebig viele Vorkommen.

```
>>> print(re.search('abc\?', "abc?defg"))
<_sre.SRE_Match object; span=(0, 4), match='abc?'>
>>> print(re.search('abc\?', "abcdefg"))
None
```

Durch das Voranstellen von \ wird dem folgenden Zeichen die Sonderbedeutung entzogen und es steht für sich selbst. Daher wird hier abc? gesucht. Im zweiten Beispiel ohne dem ? im zu prüfenden String wird kein Treffer erzielt da der Teilstring abc? eben nicht enthalten ist.

```
>>> print(re.search('abc*', "abbdefg"))
<_sre.SRE_Match object; span=(0, 2), match='ab'>
>>> print(re.search('abc*', "abcdefg"))
<_sre.SRE_Match object; span=(0, 3), match='abc'>
>>> print(re.search('abc*', "abccccdefg"))
<_sre.SRE_Match object; span=(0, 6), match='abcccc'>
```

Wir hatten bis jetzt 0-1 und 1-x Vorkommen - was fehlt ist 0-x Vorkommen und genau das bedeutet der *.

```
>>> print(re.search('abc\*', "abc*defg"))
<_sre.SRE_Match object; span=(0, 4), match='abc*'>
```

Das Entziehen der Sonderbedeutung durch das Voranstellen von \ nennt man auch quoten und das ist natürlich mit jedem Zeichen mit einer Sonderbedeutung möglich.

```
>>> print(re.findall('[abc]+', "aaccc cdefg"))
['aaccc', 'c']
```

Bei der Verwendung der Zeichen ?, + und * ist zu Beachten, dass diese immer nur für das Zeichen direkt davor gelten. Will man die Bedeutung auf mehrere Zeichen ausweiten muss man diese in einer Liste zusammenfassen.

```
>>> print(re.findall('a+b+c+', "aaccc cdefg"))
[]
```

Hätten Sie gedacht, dass hier das Gleiche wie zuvor bei der Liste herauskommt?

Die Liste ist eine Liste aller erlaubter Zeichen. Also bedeutet `[abc]+` ein Teilsting in dem die Zeichen `a` oder `b` oder `c` in beliebiger Reihenfolge ein bis x mal vorkommen.

`a+b+c+` bedeutet hingegen 1 bis x `a`-Zeichen gefolgt von 1 bis x `b`-Zeichen gefolgt von 1 bis x `c`-Zeichen. Und so ein Patern kommt in dem String nicht vor daher erhalten wir hier die leere Liste zurück.

```
>>> print(re.findall('[^abc\s]+', "aaccc cdefg"))
['defg']
```

Das Negieren einer Liste dreht die Bedeutung um. Aus allen Zeichen in der Liste wir dann aller Zeichen, die nicht in der Liste vorkommen. Hier schließen wir die Zeichen a, b und c sowie Whitespaces aus.

```
>>> print(re.findall('\s+', "aaccc cdefg"))
[' ']
>>> print(re.findall('\S+', "aaccc cdefg"))
['aaccc', 'cdefg']
```

Neben der Klasse für `\s` Whitespaces gibt es `\w` für Buchstaben und `\d` für Zahlen. Hierbei sind Kleinbuchstaben zu verwenden! Die Schreibweise in Großbuchstaben bedeutet alles außer den Zeichen dieser Klasse. Somit sind `\S+` und `[^\s]+` gleichbedeutend.

```
>>> print(re.findall('a+|b+|[cd]+', "aaccc cddefg"))
['aa', 'ccc', 'cdd']
```

Außerdem ist es möglich Elemente mit oder zu Verknüpfen. Ohne | ist das Aneinanderreihen eine Und-Verknüpfung. Durch das | Zeichen wird daraus eine Oder-Verknüpfung.

Praktisches Beispiel - Email Validierung

```
#!/usr/local/bin/python3
import re

emails = ["Mark.B@Post.cz", "mark.b@post.cz", "Mark.B.123@Post,cz",
          "bla mark.b@post.cz", "mark.b@post.cz bla", "mark.b@post-.cz"]

regexp = '[a-zA-Z][a-zA-Z0-9\._-]*@[a-zA-Z0-9\._-]*\.[a-zA-Z]*'

for email in emails:
    print("%18s :: " % email, end="")
    print(re.search(regexp, email))
```

liefert:

```
    Mark.B@Post.cz :: <_sre.SRE_Match object; span=(0, 14), match='Mark.B@Post.cz'>
    mark.b@post.cz :: <_sre.SRE_Match object; span=(0, 14), match='mark.b@post.cz'>
Mark.B.123@Post,cz :: None
bla mark.b@post.cz :: <_sre.SRE_Match object; span=(4, 18), match='mark.b@post.cz'>
mark.b@post.cz bla :: <_sre.SRE_Match object; span=(0, 14), match='mark.b@post.cz'>
   mark.b@post-.cz :: <_sre.SRE_Match object; span=(0, 15), match='mark.b@post-.cz'>
```

Als nächstes wollen wir einen regulären Ausdruck zur Validierung von Email-Adressen entwickeln. Dazu definiere ich 6 Test-Adressen die verschiedenste Fehler enthalten.

Der Ausdruck `[a-zA-Z][a-zA-Z0-9\._-]*@[a-zA-Z0-9\._-]*\.[a-zA-Z]*` findet zwar gültige Adressen, schließt aber noch zu viele Fehler mit ein außerdem ist er unnötig Lang da er unnützer Weise auch Großbuchstaben beinhaltet. Da die Groß- und Kleinschreibung für unseren Zweck irrelevant ist, beginnen wir damit den Ausdruck zu kürzen:

Der neue Ausdruck `[a-z][a-z0-9\._-]*@[a-z0-9\._-]*\.[a-z]*` bezieht sich nur noch auf Kleinbuchstaben daher sollten wir die Zeile `print(re.search(regexp, email))` in `print(re.search(regexp, email.lower()))` abändern.

An dieser Stelle würde ich wiederum testen ob das immer noch funktioniert aber ich erspare Ihnen hier die doppelte Ausgabe und bespreche lieber mit Ihnen was genau der Ausdruck bedeutet:

`[a-z]` ein Zeichen von a bis z (*weil unsere Email zwingend mit einem Buchstaben beginnen soll*) gefolgt von
`[a-z0-9\._-]*` beliebig vielen Buchstaben a - z, Ziffern 0-9 oder . oder - oder _ gefolgt von
`@` Zeichen gefolgt von
`[a-z0-9\._-]*` beliebig vielen Buchstaben a - z, Ziffern 0-9 oder . oder - oder _ gefolgt von
`.` Punkt gefolgt von
`[a-z]*` beliebig vielen Buchstaben a - z

Als nächstes wollen wir uns darum kümmern, dass es nicht mehr erlaubt sein soll, dass etwas vor oder nach der Email-Adresse steht. Dazu Ergänzen wir den Ausdruck um das Zeichen ^ für den Anfang und $ als Zeichen für das Ende!

Ja, Sie sehen richtig, außerhalb eine Liste steht ^ für den Textbeginn und in der Liste für eine Negation. Also sieht der Ausdruck wie folgt aus:

```
regexp = '^[a-z][a-z0-9\._-]*@[a-z0-9\._-]*\.[a-z]*$'
```

und damit erhalten wir:

```
    Mark.B@Post.cz :: <_sre.SRE_Match object; span=(0, 14), match='Mark.B@Post.cz'>
    mark.b@post.cz :: <_sre.SRE_Match object; span=(0, 14), match='mark.b@post.cz'>
Mark.B.123@Post,cz :: None
bla mark.b@post.cz :: None
mark.b@post.cz bla :: None
    mark.b@post-.cz :: <_sre.SRE_Match object; span=(0, 15), match='mark.b@post-.cz'>
```

Besser, wir berücksichtigen aber noch nicht, dass das letzte Zeichen einer Domain kein Punkt, Bindestrich oder Unterstrich sein kann. Daher müssen wir uns noch darum kümmern.

Mit

```
regexp = '^[a-z][a-z0-9\._-]*@[a-z0-9][a-z0-9\._-]*[a-z0-9]\.[a-z]*$'
```

sorgen wir dafür, dass nach dem @ und direkt vor dem Punkt nur die Buchstaben a-z und Ziffern 0-9 erlaubt sind. Dazwischen sind die anderen Zeichen erlaubt. Warum wir nicht
`^[a-z][a-z0-9\._-]*@[a-z0-9][\._-]*[a-z0-9]\.[a-z]*$` schreiben erklärt folgendes:

```
>>> print(re.search('^[a-z][a-z0-9\._-]*@[a-z0-9][\._-]*[a-z0-9]\.[a-z]*$',
"mark@a-b.com"))
<_sre.SRE_Match object; span=(0, 12), match='mark@a-b.com'>
>>> print(re.search('^[a-z][a-z0-9\._-]*@[a-z0-9][\._-]*[a-z0-9]\.[a-z]*$',
"mark@a-b-c.com"))
None
```

Es würden also keine Domains mit 2 Bindestrichen berücksichtigt. Aber zurück zu unserem Beispiel - nun erhalten wir:

```
    Mark.B@Post.cz :: <_sre.SRE_Match object; span=(0, 14), match='mark.b@post.cz'>
    mark.b@post.cz :: <_sre.SRE_Match object; span=(0, 14), match='mark.b@post.cz'>
Mark.B.123@Post,cz :: None
bla mark.b@post.cz :: None
mark.b@post.cz bla :: None
    mark.b@post-.cz :: None
```

Soweit sind wir fertig. Im Laufe der Entwicklung ist mir immer noch ein Fall eingefallen, der nicht zugelassen werden sollte:

```
>>> print(re.search('^[a-z][a-z0-9\._-]*@[a-z0-9\._-]*[a-z0-9]\.[a-z]*$',
"mark@post.c"))
<_sre.SRE_Match object; span=(0, 11), match='mark@post.c'>
```

Wir prüfen noch nicht, dass die TLD mindestens 2 Zeichen lang sein muss. Daher wäre der oben gezeigte Tippfehler nicht entdeckt worden. Daher ergänze ich diesen Fall in Unsere Test-Liste und dazu lege ich ein anderes extrem an - die kürzestmögliche Email-Adresse um zu sehen ob dieser lange und komplexe Ausdruck auch damit klar kommt.

```
#!/usr/local/bin/python3
import re

emails = ["Mark.B@Post.cz", "mark.b@post.cz", "Mark.B.123@Post,cz",
          "bla mark.b@post.cz", "mark.b@post.cz bla", "mark.b@post-.cz",
          "mark.b@post.c", "m@q.com"]

regexp = '^[a-z][a-z0-9\._-]*@[a-z0-9][a-z0-9\._-]*[a-z0-9]\.[a-z]{2,}$'

for email in emails:
    print("%18s :: " % email, end="")
    print(re.search(regexp, email.lower()))
```

Das {2,} sorgt dafür, dass mindestens 2 und maximal beliebig viele Zeichen gefordert werden. Nun erhalten wir:

```
    Mark.B@Post.cz :: <_sre.SRE_Match object; span=(0, 14), match='mark.b@post.cz'>
    mark.b@post.cz :: <_sre.SRE_Match object; span=(0, 14), match='mark.b@post.cz'>
Mark.B.123@Post,cz :: None
bla mark.b@post.cz :: None
mark.b@post.cz bla :: None
   mark.b@post-.cz :: None
     mark@post.c :: None
         m@q.com :: None
```

Wir haben nun eine recht gute Erkennungsgenauigkeit aber leider werden an dieser Stelle mindestens 2 Zeichen für den Domainnamen verlangt und 1-Zeichen Domains werden nicht mehr erkannt. Wir können nun unsere Validierung wieder etwas lockern oder im Falle von None als Ergebnis in einem zweiten Schritt nochmals mit ^[a-z][a-z0-9\._-]*@[a-z]\.[a-z]{2,}$ prüfen, ob es sich um eine 1-Buchstaben-Domain handelt.

Außerdem könnten wir mit einer Klammerung und der Oder-Verknüpfung arbeiten:

```
regexp = '^[a-z][a-z0-9\._-]*@(([a-z0-9][a-z0-9\._-]*[a-z0-9])|[a-z])\.[a-z]{2,}$'
```

liefert das gewünschte Ergebnis:

```
      Mark.B@Post.cz :: <_sre.SRE_Match object; span=(0, 14), match='mark.b@post.cz'>
      mark.b@post.cz :: <_sre.SRE_Match object; span=(0, 14), match='mark.b@post.cz'>
 Mark.B.123@Post,cz :: None
 bla mark.b@post.cz :: None
 mark.b@post.cz bla :: None
   mark.b@post-.cz :: None
    mark.b@post.c :: None
          m@q.com :: <_sre.SRE_Match object; span=(0, 7), match='m@q.com'>
```

Jetzt verstehen Sie auch warum so mancher sagt, dass man mit Regexp nicht ein Problem löst sondern ein zweites erschafft.

Der einzige Weg der hier funktioniert ist strukturiertes Vorgehen und kontinuierliches Verbessern bis die Genauigkeit passt. Dazu sollte man auch die verschiedensten Fälle testen und nicht nur einen Test-Datensetz verwenden. Versuchen Sie so viele Fehler wie möglich zu simulieren dann wird das schon klappen.

Ein weiterer negativer Punkt der regulären Ausdrücke ist, dass diese in verschiedenen Program-miersprachen und Programmen bei einigen Details anders arbeiten. Sie können also Glück haben und dieser Ausdruck könnte in PHP oder Perl oder einem Anwenderprogramm, das Datenfilter auf Basis von Regexp erlaubt genau so funktionieren.

Es ist aber auch denkbar, dass Sie den Ausdruck hierfür anpassen müssen. Die Komplexität der Ausdrücke macht es nahezu unmöglich, dass unterschiedliche Entwickler unterschiedliche Programme schreiben, die zu 100% alle gleich arbeiten. Einfache Ausdrücke werden so gut wie immer problemlos zu übernehmen sein aber bei der hier gezeigten Komplexität würde ich schon mit Schwierigkeiten bei der ein oder anderen Implementierung rechnen.

Allein schon darum weil `()` in diversen Programmen dazu verwendet werden um Teilergebnisse zwischenzuspeichern und später darauf zuzugreifen.

Wir haben an dieser Stelle auch noch nicht alle Feinheiten dieses umfangreichen Themas durch-besprochen. Für noch detailliertere Informationen verweise ich an dieser Stelle auf die Dokumen-tation des `re` Moduls. Außerdem gibt es ganze Bücher über reguläre Ausdrücke.

Arbeiten mit Datums- und Zeitangaben

Das Arbeiten mit Datumsangaben ist für viele Anwendungen wichtig - sei es um Benutzeraktionen zu loggen, Zinsen zu berechnen oder Erinnerungen für anstehende Ereignisse auszugeben.

Daher werden wir uns das `datetime`-Modul etwas genauer ansehen.

```
#!/usr/local/bin/python3
from datetime import date, time, datetime, timedelta

print(datetime.now())

threeHoursBeforeSilvester = datetime(2017, 12, 31, 21, 0, 0)
print(threeHoursBeforeSilvester)

timestamp = threeHoursBeforeSilvester.timestamp()
print(timestamp)

silvesterDate = threeHoursBeforeSilvester.date()
silvesterTime = threeHoursBeforeSilvester.time()
silvester = datetime.combine(silvesterDate + timedelta(days=1), time(0, 0, 0))
print(silvester)

silvester = threeHoursBeforeSilvester + timedelta(hours=3)
print(silvester)
```

liefert:

```
2018-02-17 00:25:12.399833
2017-12-31 21:00:00
1514750400.0
2018-01-01 00:00:00
2018-01-01 00:00:00
```

Zuerst importiere ich die Teile

`date`	reine Datumsobjekte
`time`	reine Uhrzeit-Objekte ohne Datumsbezug
`datetime`	Kombination aus Uhrzeit und Datum
`timedelta`	Objekte zum darstellen von Zeitunterschieden

des `datetime`-Moduls.

Dies mache ich mit der `from...` Syntax da wir sonst immer `datetime.datetime...` oder `datetime.date...` schreiben müssten was auf Dauer etwas mühsam ist.

Mit Hilfe von `datetime.now()` erhalten wir ein `datetime`-Objekt mit der aktuellen Systemzeit inklusive der Mikrosekunden (`399833`).

Natürlich können wir auch ein Objekt mit einem bestimmten Datum erzeugen. Dieses Objekt nennen wir `threeHoursBeforeSilvester` und weisen ihm den 31.12.2017 um 21:00:00 zu.

Die `timestamp()` Methode liefert uns ein sogenannten Unix-Timestamp (`1514750400.0`). Das ist die Anzahl der Sekunden seit dem 01.01.1970 (*beginn der Unix Epoche*). Diese einfache Art der Datumsspeicherung hat das Rechnen mit Datumsangaben deutlich vereinfacht. Außerdem war ein Datum damit in einem 32-Bit (*4 Zeichen*) Wert abspeicherbar was anno dazumal gegenüber einem String deutlich Speicherplatz eingespart hat. Bei diesen 32-bit langen Datumsangaben wird es allerdings im Jahr 2038 zu einem Überlauf kommen. Moderne Systeme verwenden in der Regel 64-bit Werte, die deutlich länger reichen werden. Allerdings gibt es viele eingebettete Systeme, die noch auf 32-bit laufen.

Ich persönlich gehe aber davon aus, dass im Jahr 2038 selbst Toaster und Radiowecker auf 64-bit laufen sofern es dann solche Geräte überhaupt noch separat gibt.

Mit dem `date()` und `time()` Methoden kann aus dem Objekt ein `date`-Objekt oder ein `time`-Objekt generiert werden.

Wollen wir nun rechnerisch den Jahreswechsel ermitteln dann können wir zum abgeleiteten Datum (`silvesterDate`) einen Tag addieren und damit erhalten wir den Neujahrstag. Dieses Date-Objekt fürgen wir mittels `datetime.combine` mit einen Zeit-Objekt (`time(0, 0, 0)`) das genau Mitternacht darstellt zusammen.

Alternativ können wir auch einfach einen Zeitunterschied von 3 Stunden (`timedelta(hours=3)`) zu `threeHoursBeforeSilvester` addieren.

Selbstverständlich ist auch eine Subtraktion möglich.

```python
#!/usr/local/bin/python3
from datetime import date, time, datetime, timedelta
import calendar

dateDue   = date(2017, 6, 30)
dateToday = datetime.today()
ddif = dateToday - dateDue
print(ddif.days)

daysInYear = 366 if calendar.isleap(datetime.today().year) else 365
print(daysInYear)
```

```
daysInYear = (date(datetime.today().year, 12, 31) - date(datetime.today().year
- 1, 12, 31)).days
print(daysInYear)

credInterest = 1199.9 * 0.12 / daysInYear * ddif.days
print(credInterest)

print(dateDue > dateToday)
print(dateToday > dateDue)
```

liefert:

```
25
365
365
9.862191780821918
False
True
```

Danach sehen wir uns eine typische kaufmännische Berechnung an. Wir wollen hiermit Verzugs-zinsen berechnen.

Dazu legen wir ein Fälligkeitsdatum (`dateDue`) fest und ermitteln das Datum des heutigen Tages mit `datetime.today()`. Von diesem Datumsobjekt subtrahieren wir dann das Fälligkeitsdatum und erhalten ein `timedelta`-Objekt das wir `ddif` nennen.

Außerdem müssen wir herausfinden ob unser Jahr ein Schaltjahr mit 366 Tagen ist oder nur 365 Tage hat. Dies machen wir gleich auf zwei Arten...

Zuerst verwenden wir das Modul `calendar` um mit Hilfe von `calendar.isleap(datetime.to-day().year)` zu ermitteln, ob wir ein Schaltjahr haben. Ich will ihnen an dieser Stelle die bedingte Zuweisung kurz vorstellen - die Syntax ist:

```
var = Wert1 if Bedingung else Wert 2
```

Hier sagen wir also `daysInYear` ist `366` wenn wir ein Schaltjahr haben sonst ist es `365`.

Wollen wir das `calendar` Modul nicht zusätzlich verwenden dann lässt sich die Anzahl der Tage auch errechnen. Dazu erstelle ich ein Datumsobjekt vom 31.12. dieses Jahres (`date(datetime.today().year, 12, 31)`) und ziehe davon das Datumsobjekt mit dem 31.12. letzten Jahres (`date(datetime.today().year - 1, 12, 31)`) ab.

Weil diese Berechnung wieder ein Timedelta-Objekt liefert setze ich Sie in Klammern. Damit habe ich quasi ein anonymes (*unbenanntes*) Objekt im Speicher auf dessen `days` Eigenschaft ich wieder zugreifen kann. Genau diese liefert mit die Anzahl der Tage als Integer genau wie ich es für die Berechnung brauche. Natürlich hätte man das auch so schreiben können:

```
td = date(datetime.today().year, 12, 31) - date(datetime.today().year - 1, 12, 31)
daysInYear = td.days
```

In der Variable `credInterest` speichere ich dann die Verzugszinsen von 12% jährlich für die Summe von 1.199,90 EUR und die Dauer von `ddif.days`.

Man hätte auch mit einer einfachen Schleife die Berechnung inkl. Zinseszins durchführen können:

```
credInterest = 0
for i in range(0, ddif.days):
    credInterest += (1199.9 + credInterest)  * 0.12 / daysInYear
```

Auch hierzu verwende ich persönlich gern Schleifen weil dies für viele Einfacher zu verstehen ist als eine komplexe Zinseszins-Formel. Dabei sollte man allerdings bedenken, dass dies eine Ecke länger Dauert als die Berechnung mit einer Formel. Bei so einem Beispiel wäre es allerdings egal ob nun die Mahnung in 0,05 oder 0,1 oder 0,15 Sekunden erstellt würde.

Da wir natürlich auch ermitteln wollen ob eine Rechnung fällig ist oder nicht, müssen wir mit Datumangaben auch Vergleiche durchführen können und das Funktioniert an dieser Stelle genau so wie mit Zahlen. Sie können ganz normal die Operatoren >, >=, <, <=, == und != verwenden und bekommen dann Wahrheitswerte zurück.

Analog dazu können Sie natürlich nach diesem Schema auch mit Uhrzeiten rechnen und arbeiten.

Oftmals müssen wir ein Datum auch in einem bestimmten Format ausgeben oder einlesen. Genau das sehen wir uns nun an...

```
#!/usr/local/bin/python3
from datetime import datetime

print(datetime.now().strftime("%d.%m.%Y"))

d = "31.12.2017"
dt = datetime.strptime(d, "%d.%m.%Y")
print(dt)
```

liefert:

```
17.02.2018
2017-12-31 00:00:00
```

Die Methode `strftime()` gibt das Objekt nach einem bestimmten Schema aus. Dieses Schema wird als Formatstring übergeben. Hierbei stehen die folgenden Platzhalter zur Verfügung:

`%a`	abgekürzter Wochentag
`%A`	ausgeschriebener Wochentag
`%b`	abgekürzter Monatsname
`%B`	ausgeschriebener Monatsname
`%c`	die Standard-Zeit und Datumsdarstellung für die `locate`-Einstellung
`%d`	Tag 01 - 31
`%H`	Stunde 00-24 (*24 Stunden Darstellung*)
`%I`	Stunde 01-12 (*12 Stunden Darstellung*)
`%j`	Tag des Jahre 001-366
`%m`	Monat 01-12
`%M`	Minute 00-59
`%p`	AM oder PM
`%S`	Sekunde 00-59
`%U`	Wochennummer 00-53 mit Sonntag als Wochenbeginn
`%w`	Wochentag als Nummer 0 - 6 (*Wochenbeginn 0 = Sonntag*)
`%W`	Wochennummer 00-53 mit Montag als Wochenbeginn
`%x`	die Standard Datumsdarstellung für die `locate`-Einstellung
`%X`	die Standard Zeitdarstellung für die `locate`-Einstellung
`%y`	Jahr 00-99
`%Y`	Jahr 0000-9999
`%Z`	Zeitzone (*falls ermittelbar sonst Leerstring*)

Das Einlesen eines Datums ist mit `strftime()` möglich. Hier wird der Datumsstring und der Formatstring übergeben. Als Ergebnis erhalten wir ein Datetime-Objekt.

CLI Programme & Kommandozeilenargumente

CLI steht für Command Line Interface. Sie werden nun sicher denken, dass die Zeiten von DOS oder anderen Systemen dieser Art sehr lange vorbei sind. Ja, natürlich haben Sie damit recht aber dennoch machen solche Tools heute noch sehr viel Sinn.

Vor allem wenn es um Administration von PCs und Servern geht oder um die Automatisation von Wartungsaufgaben kommen solche Tools noch sehr oft zum Einsatz. Allein schon weil es wenig Sinn macht den Aufwand zu betreiben eine grafische Benutzeroberfläche für ein Programm zu schaffen, dass einige wenige wiederkehrende Aufgaben unbeaufsichtigt im Hintergrund erledigt.

Die Ausgaben eines solchen CLI-Tools lassen sich auch gut in Log-Dateien schreiben, um so einem Admin die nachträgliche Kontrolle der durchgeführten Aufgabe zu ermöglichen. Ein Modul, dass uns sehr viel Arbeit abnimmt sogenannte CLI-Argumente zu verarbeiten ist `argparse` und das wollen wir uns nun ansehen.

CLI-Argumente werden verwendet um dem Programm Daten zu übergeben oder das Verhalten zu steuern.

```python
#!/usr/local/bin/python3
import argparse
VERSION = "1.0.1"

parser = argparse.ArgumentParser(prog="PyCodePrint", description="Pyton-Datei
inkl. Zeilennummern ausgeben", add_help=False)
parser.add_argument("-f", "--file", nargs=1, help="Dateiname", type=str,
required=True)
parser.add_argument("-v", "--verbose", action="count", help="inkl. Debug-Aus-
gaben, -vv für noch mehr Details")
```

Zuerst importieren wir das Modul und legen die Programmversion in einer Variable fest.

Dann erstellen wir ein neues Parser-Objekt, dem wir den Programmnamen und die Programmbeschreibung übergeben. Hier habe ich außerdem noch `add_help` auf `False` gesetzt, um die Hilfe-Funktion selbst mit einer eigenen Beschreibung anlegen zu können.

Danach fügen wir eine Option mit `add_argument()` hinzu. Hierbei werden Schreibweise (zB -f) und alternative Schreibweise (zB --file), die Anzahl der Argumente (`nargs=`), ein Hilfe-Text (`help=`) und der Dateityp übergeben. Natürlich sind hier noch viele weitere Optionen möglich.

Im Fall der Option `--verbose` verwende `action="count"` um die Genauigkeit der Debug-Ausgaben zu erhöhen. Hierbei wird gezählt wie oft das Argument angegeben wird und so liefert -v den Level 1, -vv den Level 2, usw.

```
parser.add_argument("-h", "--help", action="help", default=argparse.SUPPRESS,
help="Programmhilfe anzeigen")
parser.add_argument("--version", action="version", version="%(prog)s " + VER-
SION, help="Programmversion anzeigen")
args = parser.parse_args()
```

Natürlich wollen wir eine Hilfe-Funktion nutzen um selber schnell nachsehen zu können falls wir eine der Optionen vergessen. Das ist deutlich komfortabler, als immer im Quellcode nachlesen zu müssen.

Damit wir es allerdings schaffen, hier einen deutschen Hilfe-Text zu hinterlegen, haben wir zuvor das automatische Anlegen des `-h` bzw. `--help` Parameters deaktiviert. `action="help"` reicht aus, um diesen Parameter als Hilfe-Option zu markieren.

Der Parameter `--version` hat keine Kurzschreibweise da `-v` schon belegt war... Dafür können wir mit `version="%(prog)s " + VERSION` festlegen, dass bei Verwendung dieses Parameters nur der Programmname und die Versionsnummer ausgegeben werden sollen.

`args = parser.parse_args()` liefert beispielsweise folgendes:

```
Namespace(file=['halloWelt.py'], verbose=None)
```

Nachdem wir nun alle möglichen Parameter angelegt und die CLI-Argumente ausgewertet haben können wir den eigentlichen Code schreiben...

```
try:
    if args.verbose != None and args.verbose >= 1:
        print("Öffne " + args.file[0] + " zum lesen:")

    with open(args.file[0], "r") as file:
        lineCount = 0
        for line in file:
            lineCount += 1
            if args.verbose != None and args.verbose >= 2:
                print("     Lese Zeile Nr. " + str(lineCount))
            print("%4i: " % lineCount, end="")
            print(line.rstrip())

    if args.verbose != None and args.verbose >= 1:
        print("Schließe Datei " + args.file[0] + " wieder")
except:
    print("Kann Datei " + args.file[0] + " nicht lesen!")
```

Dieser sollte für Sie mittlerweile ohne Probleme nachvollziehbar sein und keiner weiteren Erklärung bedürfen. Also sehen wir uns einmal an welche Arbeit uns `argparse` abnimmt:

```
user@mint $ python3 argparseDemo.py -f
usage: PyCodePrint [-f FILE] [-v] [-h] [--version]
PyCodePrint: error: argument -f/--file: expected 1 argument
```

Da wir den Parameter –f so definiert haben, dass genau ein Argument benötigt wird bekommen wir eine kurze Übersicht der möglichen Parameter gefolgt von einer Fehlermeldung, dass wir vergessen haben ein Argument anzugeben.

```
user@mint $ python3 argparseDemo.py -x
usage: PyCodePrint [-f FILE] [-v] [-h] [--version]
PyCodePrint: error: unrecognized arguments: -x
```

Ähnlich verhält es sich, wenn wir einen nicht existenten Parameter verwenden.

```
user@mint $ python3 argparseDemo.py -f halloWelt.py
    1: #!/usr/local/bin/python3
    2: s = "Hallo Welt"
    3: print(s)
```

Anderfalls wird das Programm ausgeführt.

```
user@mint $ python3 argparseDemo.py -f halloWelt.py -vv
Öffne halloWelt.py zum lesen:
    Lese Zeile Nr. 1
    1: #!/usr/local/bin/python3
    Lese Zeile Nr. 2
    2: s = "Hallo Welt"
    Lese Zeile Nr. 3
    3: print(s)
Schließe Datei halloWelt.py wieder
```

Und auch das Zählen beim Parameter –v funktioniert zuverlässig.

```
user@mint $ python3 argparseDemo.py -h
usage: PyCodePrint [-f FILE] [-v] [-h] [--version]

Pyton-Datei inkl. Zeilennummern ausgeben

optional arguments:
  -f FILE, --file FILE  Dateiname
  -v, --verbose         inkl. Debug-Ausgaben, -vv für noch mehr Details
  -h, --help            Programmhilfe anzeigen
  --version             Programmversion anzeigen
```

Auch die Ausgabe eines übersichtlich formatierten Hilfetextes müssen Sie nicht selber schreiben. Einziger Makel ist hierbei, dass der `--file` Parameter eigentlich nicht Optional ist. Um dies anders zu lösen hätte man mit

```
requiredNamed = parser.add_argument_group('Verpflichtend anzugebende Argumente')
requiredNamed.add_argument("-f", "--file", nargs=1, help="Dateiname", type=str,
required=True
```

Eine neue Gruppe von Argumenten für die Hilfe-Ausgabe erstellen können. Dies würde dann folgende Ausgabe liefern:

```
usage: PyCodePrint -f FILE [-v] [-h] [--version]

Pyton-Datei inkl. Zeilennummern ausgeben

optional arguments:
  -v, --verbose         inkl. Debug-Ausgaben, -vv für noch mehr Details
  -h, --help            Programmhilfe anzeigen
  --version             Programmversion anzeigen

Verpflichtend anzugebende Argumente:
  -f FILE, --file FILE  Dateiname
```

Wie Sie die restlichen englischen Texte der Hilfe-Ausgabe noch übersetzen bzw. überschreiben überlasse ich Ihnen als kleine Übung...

```
user@mint $ python3 argparseDemo.py --version
PyCodePrint 1.0.1
```

Und die Ausgabe der Versionsnummer müssen wir selbstverständlich auch nicht selber entwickeln.

Die Dokumentation zu diesem Modul finden Sie unter:
https://docs.python.org/3/library/argparse.html

Genau diese Modulvielfalt (*von der wir nicht einmal einen Bruchteil bis hierhin durchgenommen haben*) und die viele Programmierarbeit, die man sich mit den gut durchdachten Modulen sparen kann, machen Python so beliebt.

Webapplikationen in Python

Bei diesem Thema denke ich sofort an zwei bekannte Frameworks - Django und Flask. Daher will ich Ihnen kurz erklären warum wir ein Framework brauchen und warum ich mich für eines der beiden entschieden habe.

In der Regel läuft eine Python-Webseite als kompletter Dienst auf einem Rechner. Das heißt, dass wir nicht irgendwelche Scripts über einen Apache- oder Nginx-Webserver ausführen lassen sondern, dass wir auch gleich den kompletten Webserver für das Handling der Pakete und die Kommunikation mit dem Clients mit schreiben müssen.

Diese "Fleißaufgabe" nimmt uns ein Framework ab und liefert einen funktionierenden und getesteten Webserver auf dem aufbauend wir nun unsere Webapplikation schreiben können.

Django ist groß, umfangreich und bietet deutlich mehr als Flask. Dafür ist dieses Framework auch deutlich komplexer, verursacht einen größeren Aufwand bei der Entwicklung und arbeitet deutlich langsamer. Flask ist wesentlich kleiner, schneller und einfacher zu implementieren. Das macht es vor allem für ein Einsteiger-Buch deutlich interessanter.

Wenn Sie jetzt aber glauben, dass Flask darum weniger praxisrelevant ist, dann täuschen Sie sich gewaltig. Aktuell wird Flask sogar auf mehr Webseiten eingesetzt als Django. Das liegt unter anderem auch daran, dass heutzutage viele Aufgaben wie das Stylen von Daten, das Zeichnen von Diagrammen, etc. mit JavaScript clientseitig gelöst werden. Das entlastet nicht nur den Server sondern sorgt auch dafür, dass dieser immer weniger Funktionen selbst bieten muss. Daher macht der Overhead, den Django bietet nur dann Sinn wenn er auch genutzt wird!

Ich lade Sie aber an dieser Stelle ein sich Django selber anzusehen damit Sie sich ein Bild machen können. Alle nötigen Informationen finden Sie unter: `https://www.djangoproject.com/`

Beginnen wir also damit Flask und PyMySQL zu installieren:

```
user@mint $ pip3 install flask pymysql
```

Bevor wir loslegen können benötigen wir auf unserem System noch einen MySQL-Server, der die benötigte Datenbank zur Verfügung stellt. Natürlich lässt sich ein solcher Server unter Windows und Mac OSX ebenfalls installieren. Ich zeige Ihnen an dieser Stelle wie wir den Server unter Linux Mint installieren und die Datenbank einrichten.

```
user@mint $ sudo apt-get install mysql-server ufw
user@mint $ sudo service mysql start
```

Auch hier müssen Sie wieder das User-Passwort eingeben (*Sie sehen nicht, dass Sie tippen*) und mit Enter bestätigen. Die Frage, ob Sie die Installation fortsetzen wollen, bestätigen Sie mit J und Enter bzw. Y und Enter - je nach dem mit welcher Sprache ihr Linux Mint läuft.

Nach ein paar Sekunden sollten der MySQL-Server installiert und eingerichtet sein. Danach sollten wir die Datenbank einrichten. Dazu verwenden wir den CLI-Client von MySQL bzw. MariaDB.

```
user@mint $ mysql -u root -p
Enter password:
Welcome to the MariaDB monitor.  Commands end with ; or \g.
Your MariaDB connection id is 598
Server version: 10.1.26-MariaDB-0+deb9u1 Debian 9.1

Copyright (c) 2000, 2017, Oracle, MariaDB Corporation Ab and others.

Type 'help;' or '\h' for help. Type '\c' to clear the current input statement.

MariaDB [(none)]> CREATE DATABASE python_blog;
Query OK, 1 row affected (0.02 sec)

MariaDB [(none)]> USE python_blog;
Database changed

MariaDB [python_blog]> CREATE TABLE `artikel` (
    -> `id` int(12) NOT NULL AUTO_INCREMENT,
    -> `headline` varchar(80) NOT NULL,
    -> `teaser` varchar(200) NOT NULL,
    -> `artikel` text NOT NULL,
    -> PRIMARY KEY (`id`)
    -> ) ENGINE=InnoDB AUTO_INCREMENT=1 DEFAULT CHARSET=utf8;
Query OK, 0 rows affected (0.51 sec)

MariaDB [python_blog]> CREATE TABLE `kommentare` (
    -> `id` int(12) NOT NULL AUTO_INCREMENT,
    -> `art_id` int(12) NOT NULL,
    -> `name` varchar(40) NOT NULL,
    -> `kommentar` text NOT NULL,
    -> PRIMARY KEY (`id`)
    -> ) ENGINE=InnoDB AUTO_INCREMENT=1 DEFAULT CHARSET=utf8;
Query OK, 0 rows affected (0.30 sec)
```

Falls Sie noch keine Erfahrung mit SQL haben, dann will ich Ihnen an dieser Stelle wenigstens den hier verwendeten SQL-Code erklären. Aber beginnen wir einmal ganz von vorne.

Mit `mysql -u root -p` rufen wir den CLI-Client auf. Hierbei wird mit Hilfe von `-u` der User spezifiziert und `-p` legt Fest, dass wir ein Passwort benötigen um uns anzumelden. Das Passwort haben Sie bei der Installtion vom MySQL-Server festgelegt.

Der Befehl `CREATE DATABASE python_blog;` sollte selbsterklärend sein.

Es ist jedoch wichtig im CLI-Clienten jeden Befehl mit einem ; abzuschließen. Andernfalls wird in der nächsten Zeile der Befehl fortgesetzt. Das macht lange Befehle wie das Anlegen einer Tabelle deutlich übersichtlicher...

Eine Datenbank kann mehrere Tabellen enthalten. Stellen Sie sich das wie ein Regal mit Ordnern vor. In dem Regal (= *Datenbank*) können sich mehrere Ordner (= *Tabelle*) befinden, die zur besseren Übersicht zusammengehörige Datensätze gruppieren. So würde man in einer Firma jeweils eigene Ordner für Einkauf, Verkauf, Personalverrechnung, etc. anlegen und nicht alle Geschäftspapiere wild durcheinander ablegen. Genau das gleiche Prinzip wenden wir auch in einer Datenbank an.

Hier ist dies allerdings noch wichtiger weil wir je Tabelle eine bestimmte Anzahl und Art von Spalten definieren auf denen sich ein Datensatz zusammensetzt. Aber sehen wir uns einmal an, wie wir so eine Tabelle definieren dann wird einiges klarer.

Mit `USE python_blog;` wechseln wir zur soeben erstellen Datenbank.

Der Befehl `CREATE TABLE ` artikel `` erstellt eine Tabelle Namens `artikel`. In den runden klammern spezifizieren wir die Felder der Tabelle - diese wären:

```
`id` int(12) NOT NULL AUTO_INCREMENT,
```

Das Feld `id` als Ganzzahl (`int`) mit einer Länge von `12`. Es darf nicht leer sein (`NOT NULL`) und wird fortlaufend weiter hochgezählt (`AUTO_INCREMENT`).

```
`headline` varchar(80) NOT NULL,
`teaser` varchar(200) NOT NULL,
```

Die Felder `headline` bzw. `teaser` als Textfeld (`varchar`) mit einer Länge von `80` bzw. `200` Zeichen. Auch diese Felder müssen befüllt werden.

```
`artikel` text NOT NULL,
```

Ein Langtextfeld (`text`) mit einer Länge von maximal `65535` Zeichen namens `artikel`. Auch wieder als Pflichtfeld.

Die Zeile

```
PRIMARY KEY (`id`)
```

definiert die Spalte `id` als Primärschlüssel. Das ist ein eindeutiger Wert mit dem wir eine bestimmte Zeile eindeutig identifizieren können. Das wird später wichtig, um auf eine bestimmte Zeile (= *kompletter Datensatz*) zuzugreifen.

Danach schließen wir die runden Klammern und damit die Feld-Liste und definieren mit

```
) ENGINE=InnoDB AUTO_INCREMENT=1 DEFAULT CHARSET=utf8;
```

noch ein paar Grundeinstellungen für die Tabelle:

Die Tabellen-Engine (`ENGINE=InnoDB`), die für unsere Zwecke im Moment unbedeutend ist, den Start-Wert für das Hochzählen der `id`-Spalte (`AUTO_INCREMENT=1`) sowie UTF-8 als Standard-Zeichensatz.

Genau nach diesem Schema gehen wir auch für die Tabelle `kommentare` vor. Hier ist das Feld `art_id` ein sogenannter Fremdschlüssel. Das bedeutet, dass in dem Feld der Primärschlüssel einer anderen Tabelle steht um somit Werte zwischen zwei Tabellen verknüpft. In diesem Fall werden die Kommentare einem bestimmten Artikel zugeordnet.

Im Gegensatz zu manch anderen Datenbank-Systemen müssen wir hier einen Fremdschlüssel nicht explizit als solchen definieren. Dafür müssen wir dies bei der Abfrage angeben und entweder mit einem `JOIN`-Befehl Tabellen verknüpfen oder mit mehreren Abfragen eine passende Datenstruktur schaffen, die die Zusammenhänge abbilden kann.

Nachdem wir nun eine Datenbank erstellt haben und der DB-Server läuft wollen wir uns an dieser Stelle ein Basis-Verzeichnis für die Webapplikation einrichten:

```
user@mint $ mkdir FlaskBlog
user@mint $ mkdir FlaskBlog/static
user@mint $ mkdir FlaskBlog/templates
user@mint $ mkdir FlaskBlog/static/img
user@mint $ chmod 777 FlaskBlog/static/img/
user@mint $ cd FlaskBlog
```

Wir erstellen (`mkdir`) einen Ordner Namens `FlaskBlog` und darin zwei Unterordner namens `static` und `templates`. Diese zwei Ordner müssen genau so heißen denn Ihnen kommt eine bestimmte Funktion zu.

In `static` liegen statische Inhalte wie Bilder, `js`- oder `css`-Dateien. Flask kümmert sich dann darum, dass diese Dateien ausgeliefert werden können ohne, dass wir dazu zusätzlichen Code schreiben müssen.

Innerhalb von `static` erstellen wir einen weiteren Ordner Namens `img`. Darin werden die hochgeladenen Bilder abgelegt daher muss dieser Ordner für jeden schreibbar sein. Das erreichen wir durch das Zuweisen entsprechender Dateirechte mit `chmod 777 FlaskBlog/static/img/`.

Danach wechseln wir mit `cd` in den Projektordner hinein. Lassen Sie das Terminal noch offen, wir werden es zum Ausführen des Servers stäter benötigen.

Zuerst erstellen wir die Datei `static/style.css` mit folgendem Inhalt:

```css
*{
    margin: 0px;
    padding: 0px;
}

body{
    color: #646464;
    font-family: 'Montserrat', sans-serif;
}

pre{
    font-family: 'Courier', 'Courier New', monospace;
    background: #EEE;
    padding: 10px;
}

h1, h2, h3{
    font-weight: 200;
    font-size: 48pt;
    margin-bottom: 15px;
    color: #FFF;
}
h2, h3{ margin-top: 15px; color: #3f6798; font-size: 36pt; }
h3{ font-size: 24pt; }

a{
    font-weight: 600;
    color: #3f6798;
    text-decoration: none;
}
a:hover{
    color: #000;
}

nav{
    float: left;
    width: 150px;
}
nav a{
    display: block;
    border-bottom: 5px solid #FFF;
}
```

```css
nav a:hover{
    border-color: #f8d73d;
}

#head_outer{
    background: #3f6798;
    color: #fff;
    padding-bottom: 5px;
    margin-bottom: 25px;
}

    #logo{
        padding-top: 15px;
        font-weight: 500;
        font-size: 9pt;
        color: #79a6d8;
        font-family: "Courier New", Courier, monospace;
    }

#head_wrapper, #page_wrapper, #footer_wrapper{
    width: 1000px;
    margin: auto;
    margin-bottom: 10px;
}
#page_wrapper, #footer_wrapper{ margin-top: 10px; }

#content{
    width: 800px;
    float: left;
    margin-right: 35px;
}

input{
    padding: 10px;
    color: #3f6798;
    border: 1px solid #3f6798;
    margin-bottom: 10px;
}
.btn{
    color: #FFF !important;
    font-weight: 600;
    background: #3f6798;
}

#footer_outer{
    background: #ecca29;
}
```

```css
#footer_wrapper{
    color: #FFF;
    padding: 15px;
    text-align: center;
    font-weight: 700;
    font-size: 9pt;
}


.comment{
    position: relative;
    padding-left: 50px;
    padding-top: 10px;
    padding-bottom: 10px;
}
    .quotMark{
        font-size: 90px;
        font-family: 'Times New Roman', Times, serif;
        color: #CCC;
        position: absolute;
        top: -10px;
        left: 0px;
    }

.w780{ width: 780px; }
.w800{ width: 800px; }
.h150{ height: 150px; }
.borderNone{ border: 0px; }
.clearBoth{ clear: both; }
.marginTopBottom15{ margin-top: 15px; margin-bottom: 15px; }
.teaser{ font-weight: 200; font-size: 16pt; margin-bottom: 15px; }
.artCont{ margin-top: 15px; line-height: 150%; }
```

Natürlich wird eine solche Datei im Laufe des Projektes wachsen ich kann mit Ihnen an dieser Stelle aber keine komplette CSS-Einführung machen, da dies den Umfang des Buches sprengen würde... Daher werden wir die CSS-Anweisungen an dieser Stelle einmalig überfliegen und dann wollen wir uns auf das Python-Programm fokussieren. CSS ist dazu da HTML- oder XML-Elemente zu formatieren und aufzuhübschen. Dies geschieht in der Regel in einer oder mehreren separaten Dateien, die dann im HTML-Code eingebunden werden. Um Webseiten-Elemente anzusprechen gibt es bestimmte Selektoren.

Der *-Selektor gilt für alle Elemente. Ein bestimmter HTML-Tag (*Befehl*) kann mit seinem Namen angesprochen werden - zB body, h1, a, p, etc. Mit #elementID wird der HTML-Tag mit der id elementID angesprochen. Eine ID muss eindeutig sein und darf nur einmal im Dokument vorkommen. Mit .klassenName können Elemente mit dieser Klasse angesprochen werden. Hierbei gilt ein Element kann mehrere Klassen haben und ein Klasse kann bei mehreren Elementen hinterlegt sein.

Nach dem Selektor folgen die Styling-Anweisungen innerhalb von { und }. Hierzu ein paar Beispiele:

Mit

```
pre{
    font-family: 'Courier', 'Courier New', monospace;
    background: #EEE;
    padding: 10px;
}
```

legen wir für das `<pre>`-Element fest, dass die Schriftart `Courier` verwendet werden soll, falls diese nicht gefunden werden kann soll die Schriftart `Courier New` als Alternative verwendet werden oder falls auch diese nicht verfügbar ist, irgendeine Schrift mit der `monospace` Eingenschaft. Hierbei muss man wissen, dass der Browser beim Rendern der Seite in der Regel auf eine Systemschrift des User-PCs zurückgreift sofern keine Webschrift mit der Seite ausgeliefert wird.

Den Hintergund definieren wir mit `#EEE` leicht gräulich. Hierbei ist `#EEE` die Kurzschreibweise für `#EEEEEE` (*hexadezimal für eine RGB-Farbe*). Bei dieser Schreibweise stehen die ersten 2 Zeichen nach der `#` für den Rotton, die zweiten zwei Zeichen für den Grünton und die letzten Zwei für den Blauwert. Das Padding ist ein Innenabstand (*siehe HTML Box-Model*) von 10 Pixeln.

```
body{
    color: #646464;
    font-family: 'Montserrat', sans-serif;
}
```

Legt eine Schriftfarbe (*mittleres Grau*) und die Schriftart für die ganze Seite fest. Wichtig hierbei ist es zu wissen, dass die CSS-Eigenschaften vererbt werden. Was also im `<body>`-Element definiert wurde gilt für alle darin befindlichen Elemente bis die Werte mit einem anderen CSS-Befehl überschrieben werden.

```
h1, h2, h3{
    font-weight: 200;
    font-size: 48pt;
    color: #FFF;
    margin-bottom: 15px;
}
h2, h3{ margin-top: 15px; color: #3f6798; font-size: 36pt; }
h3{ font-size: 24pt; }
```

Hier sieht man diesen Effekt schön. Mit dem ersten Block wird für die Überschriften `h1` bis `h3` eine Formatierung festgelegt. So zB Schriftstärke, Schriftgröße, Schriftfarbe und Abstand nach unten. Mit `h2, h3{ ... }` wird für die Überschriften der zweiten und dritten Ordnung die

Schriftfarbe und -größe geändert sowie ein Abstand nach oben ergänzt. Der Abstand nach unten und die Schriftstärke werden hier vererbt.

Abschließend wird mit `h3{ font-size: 24pt; }` dafür gesorgt, dass `<h3>`-Elemente nochmals etwas kleiner geschrieben werden. Alle anderen Eigenschaften werden vererbt.

Für alle weiteren Grundlagen und als CSS- und HTML-Referenz empfehle ich ihnen die Webseite `https://wiki.selfhtml.org/`.

Bevor wir das eigentliche Programm schreiben benötigen wir noch ein HTML-Template. Es macht wenig Sinn den kompletten HTML-Code der Seite in verschiedensten Funktionen oder Klassen von Hand zu generieren. Vielmehr wäre das äußerst kontraproduktiv da wir in dem Fall bei generellen Änderungen am Layout gezwungen wären Anpassungen in jeder der Funktionen oder Klassen vorzunehmen.

Flask bietet uns hierzu mit der Template-Engine Jinja2 ein sehr mächtiges Tool mit dem es auch möglich ist einiges an Programmlogik in das Template auszulagern. Ich rate Ihnen an dieser Stelle dies allerdings nicht zu übertreiben!

Stellen Sie sich vor, irgendwann kommt ein Designer zu dem Projekt hinzu, der sich um das HTML und CSS kümmern soll. In diesem Fall sollte nicht mehr Logik als nötig in dem Templates stecken um einen Designer, der eventuell nicht über Python-Kenntnisse verfügt, schnell einarbeiten zu können. Außerdem wird ein Programm so deutlich unübersichtlicher wenn die Logik sich zu sehr auf das Template verteilt.

Unter `http://jinja.pocoo.org/docs/2.10/` finden Sie die Dokumentation von Jinja2.

Genug der Vorrede - legen wir ein Template mit dem Grundlayout an. Diese Datei habe ich unter `templates/main_template.html` gespeichert:

```
<!DOCTYPE html>
<html>
    <head>
        <link href="https://fonts.googleapis.com/css?family=Montserrat:200,200
i,300,300i,400,400i,600,600i,700,700i,900,900i" rel="stylesheet">
        <link rel="stylesheet" type="text/css" href="/static/style.css">
        <title>MeinPyBlog - {{ title }}</title>
    </head>
    <body>
        <div id="head_outer">
            <div id="head_wrapper">
                <div id="logo">
                    mein_python_blog >>> print('&lt;h1&gt;{{ title }}&lt;/
h1&gt;')
                </div>
```

```html
            <h1>{{ title }}</h1>
        </div>
    </div>

    <div id="page_wrapper">
        <div id="content">
            {% block pageContent %}{% endblock %}
             
        </div>

        <nav>
            <a href="/">HOME</a>
            <a href="/archiv">Archiv</a>
            <a href="/impressum">Impressum</a>

            <br><br>
            <form method="get" action="/suche" id="such_form">
                <input type="text" name="q" value="{% if q != None %}{{ q
}}{% endif %}" placeholder="begriff">
                <br>
                <input type="submit" value="suchen" class="btn">
            </form>
        </nav>

        <div class="clearBoth"> </div>
    </div>

    <div id="footer_outer">
        <div id="footer_wrapper">
            &copy; 2018 Max Muster<br><br>
            <small>Powered by Python 3.x, Flask Web-Framework &amp; Jinja
Template Engine</small>
        </div>
    </div>
</body>

<script>
    function prevImg(e){
        var img = document.getElementById("artImg")
        img.src = URL.createObjectURL(e.target.files[0]);
    }
</script>
</html>
```

Im Grunde ist das eine relativ übersichtliche HTML-Datei in der ein paar Platzhalter definiert sind. In der Zeile `<title>MeinPyBlog - {{ title }}</title>` ist `{{ title }}` der Platzhalter für einen einzelnen String.

Mit `{% block pageContent %}{% endblock %}` wird ein ganzer Anweisungsblock bzw. HTML-Block definiert, der in abgeleiteten Templates überschrieben werden kann. Ja, Sie ahnten es schon - auch hier kommt wieder Vererbung zum Einsatz!

Die Konstruktion `<input type="text" name="q" value="{% if q != None %}{{ q }}{% endif %}" placeholder="begriff">` sorgt dafür, dass der Wert von Suchfeld nur dann befüllt wird, wenn die Variable `q` dem Template übergeben wird und auch einen Wert enthält.

Das Javascript am Ende der Datei sorgt dafür, dass beim Anlegen eines Blog-Artikels das Bild schon vor dem Upload in einer Vorschau angezeigt wird.

Auch hier verweise ich Sie an die Seite `https://wiki.selfhtml.org/` wenn Ihnen der HTML-Code nicht klar ist.

Die Kurzzusammenfassung ist., dass eine HTML-Seite aus zwei Teilen besteht - dem Head in dem der Titel definiert wird und in dem auch Webschriften, CSS und JS Dateien eingebunden werden sowie dem Body in dem sich der ganze sichtbare Teil der Seite befindet.

Moderne Seiten setzen auf ein CSS-Layout bei dem verschiedenste `<div>`-Containerelemente mit CSS formatiert werden. Im Grunde sind die meisten HTML-Elemente relativ selbsterklärend dennoch will ich 2 spezielle Elemente schnell noch erwähnen...

Das `<a>`-Element ist ein Link und mit dem `href="..."` Attribut wird das Ziel des Links festgelegt und zwischen `<a href="...">` und `</a>` landet der angezeigte Linktext. Zur Interaktion mit dem Benutzer setzen wir hier Formulare ein (`<form>`). Mit diesem kann per GET oder POST kommuniziert werden. GET ist die Parameterübergabe in der URL-Zeile und POST überträgt die Daten versteckt im Body eines HTML-Paketes das an den Server gesendet wird. Mit dem `action="..."` Attribut wird die URL festgelegt an die das Formular die Daten sendet.

Mit diesem Wissen sollten Sie dem Programm nun problemlos folgen können.

Also widmen wir uns der Datei `main.py` im Hauptverzeichnis der Webapplikation:

```python
#!/usr/local/bin/python3
import os
import pymysql.cursors
from flask import Flask, render_template, request, session, redirect, url_for

conn = pymysql.connect(host="localhost", user="root", password="pass1234",
db="python_blog")
```

```
app = Flask(__name__)
app.secret_key = "bla.blub+Foo"
```

Die Zeile `conn = ...` verbindet unsere Webapplikation mit dem MySQL-Server und legt das global verfügbare `conn`-Objekt an das wir für jeden DB-Zugriff brauchen.

Zuerst müssen wir nun den Admin-Bereich entwickeln damit wir in der Lage sind Beiträge anzulegen und zu bearbeiten.

Dazu verwenden wir folgenden Quellcode:

```
@app.route("/admin", methods=["GET", "POST"])
def admin():
    # Prüfen ob User eingeloggt ist
    if "user" in session:
        # GET-Parameter beziehen
        fn   = request.args.get("fn")
        act  = request.args.get("act")
        rem  = request.args.get("rem")
        edit = request.args.get("edit")

        # Admin Willkommen-Seite
        if fn == None:
            with conn.cursor() as c:
                c.execute("SELECT COUNT(id) FROM artikel")
                row = c.fetchone()
                statsArt = row[0]

                c.execute("SELECT COUNT(id) FROM kommentare")
                row = c.fetchone()
                statsKom = row[0]

            return render_template("admin2.html", title="Admin Bereich",
fn=fn, statsArt=statsArt, statsKom=statsKom)
```

Nachdem wir die `GET`-Parameter in Variablen gespeichert haben prüfen wir ob der `fn`-Parameter einen Wert enthält. Falls nicht, ist keine Unterseite des Admin-Bereichs aufgerufen und wir rendern das Tamplate `admin2.html` mit den zuvor ausgelesenen Anzahlen der Artikel bzw. Kommentare. Die Template-Datei sehen wir uns im Anschluss an...

```python
# Artikel Verwaltung
if fn == "art":
    # Daten speichern
    if act == "save":
        # Daten aus dem Formular entgegennehmen und escapen.
        headline = request.form.get("headline").replace('\\', '\\\\').replace('"', '\\"')
        teaser = request.form.get("teaser").replace('\\', '\\\\').replace('"', '\\"')
        artikel = request.form.get("artikel").replace('\\', '\\\\').replace('"', '\\"')
        updID = request.form.get("updID").replace('\\', '\\\\').replace('"', '\\"')

        with conn.cursor() as c:
            # Neuen Artikel anlegen
            if updID == "":
                c.execute('INSERT INTO artikel VALUES(NULL, "' + headline + '", "' + teaser + '", "' + artikel +'")')
                conn.commit() # SQL-Befehl von oben ausführen

                # ID ermitteln für Bildnamen
                c.execute('SELECT MAX(id) FROM artikel')
                row = c.fetchone()

            # Artikeldaten in DB ändern
            else:
                c.execute('UPDATE artikel SET headline = "' + headline + '" WHERE id = "' + updID +'"')
                conn.commit()
                c.execute('UPDATE artikel SET teaser = "' + teaser + '" WHERE id = "' + updID +'"')
                conn.commit()
                c.execute('UPDATE artikel SET artikel = "' + artikel + '" WHERE id = "' + updID +'"')
                conn.commit()
                row = [updID]

        # Wenn Datei hochgeladen wird am Server ablegen
        # Dateiname = [Artikel-ID].jpg
        if 'file' in request.files:
            f = request.files['file']
            fileName = str(row[0]) + ".jpg"
            f.save("static/img/" + fileName)
```

```
    # Artikel löschen
if rem != None:
    # ... aus DB
    with conn.cursor() as c:
        c.execute('DELETE FROM artikel WHERE id = "' + rem +'"')
        conn.commit()

    # ... falls vorhanden auch das Bild
    imgPath = "static/img/" + rem + ".jpg"
    if os.path.isfile(imgPath):
        os.remove(imgPath)

# Leere Listen zur Parameterübergabe erstellen
artList = []
artEdit = ["", "", "", ""]

# Alle Artikel auslesen und zur artList hinzufügen
with conn.cursor() as c:
    c.execute("SELECT * FROM artikel")
    for row in c.fetchall():
        artList.append(row)

        # Wenn Artikel-ID dem Parameter edit entspricht
        # artEdit mit diesen Artikel-Daten füllen und
        # Bild daran anhängen
        if edit == str(row[0]):
            artEdit = row
            imgPath = "static/img/" + str(row[0]) + ".jpg"
            if os.path.isfile(imgPath):
                artEdit = list(row)
                artEdit.append("/" + imgPath)

# Datei rendern und Daten übergeben
return render_template("admin2.html", title="Artikel anlegen /
editieren", fn=fn, artList=artList, artEdit=artEdit)
```

Dies ist im Prinzip der umfangreichste Teil der Applikation und auch der wichtigste. Mit diesem Code ist die komplette Verwaltung, Anlage und Manipulation der Beiträge enthalten.

Im Grunde werden GET-Parameter (zB fn) aus request.args mit der get() Methode bezogen. Diese Methode liefert None wenn der Parameter nicht belegt ist. Dann werden POST-Parameter aus request.form bezogen und " sowie \ escaped damit wir keine Schwierigkeiten haben ein SQL-Kommando zusammenzubauen.

Wie die einzelnen Parameter durchgeschleußt werden und zusammenspielen wird deutlich klarer, wenn wir das Template ansehen.

```python
    # Kommentare ansehen und löschen
    if fn == "com":
        comments = {}

        # Löschen
        if rem != None:
            with conn.cursor() as c:
                c.execute('DELETE FROM kommentare WHERE id = "' + rem
+'"')
                conn.commit()

        # Artikellniste aufbauen
        with conn.cursor() as c:
            c.execute("SELECT * FROM artikel")
            for row in c.fetchall():
                comments[row[0]] = {"id" : row[0], "headline" : row[1],
"comments" : []}

            # Kommentare den Artikeln zuordnen
            c.execute("SELECT * FROM kommentare")
            for row in c.fetchall():
                comments[row[1]]['comments'].append(row)

        # Template rendern und Daten übergeben
        return render_template("admin2.html", title="Leser-Kommentare",
fn=fn, comments=comments)

    # Return Login Seite wenn Session nicht aktiv
    return render_template("admin.html", title="Admin Login")
```

Hier implementieren wir zuerst die Lösch-Funktion bevor wir eine Datenstruktur aufbauen. Das ist logischerweise wichtig um Kommentare die gelöscht werden aus der DB zu entfernen bevor wir die Daten zusammenstellen, die wir der Render-Funktion übergeben.

Im ersten Schritt erstellen wir ein Dictionary mit der ID des Artikels als Schlüssel. Diesem Schlüssel ordnen wir wieder ein Dictionary mit dem Feldern ID, Headline und eine Leere Liste der Kommentare zu.

Warum wir die ID doppelt verwenden ist einfach erklärt. Im zweiten Schritt können wir so mit dem Fremdschlüssel-Feld die Daten dem richtigen Artikel zuordnen. Im Template vereinfacht es den Code ein wenig wenn wir die ID auch im inneren Dictionary haben.

Final erhalten wir diese Struktur:

```
{
  11:
  {
    'comments': [],
    'headline': 'Python ist toll!',
    'id': 11
  },
  12:
  {
    'comments':
    [
      (1, 12, 'Mark B.', 'Danke! Bin auf den nächsten Teil gespannt...\r\n
Nur weiter so!'),
      (4, 12, 'TurboTommy', 'Laaaaahm, Alter mach mal was spannenderes...\r\n
Wer will schon Hallo Welt ausgeben lernen?')
    ],
    'headline': 'Hallo Welt in Python',
    'id': 12
  }
}
```

Wir sprechen schon die ganze Zeit von einem Login - also sehen wir uns einmal an, wie wir das Login realisieren:

```
@app.route("/login", methods=["GET", "POST"])
def login():
    if request.form.get("user") == "admin" and request.form.get("pw") == "nim-
da":
        session["user"] = "admin"
        return redirect(url_for("admin"))
    else:
        return render_template("admin.html", title="Admin Login",
loginFehler=True)
```

Erhalten wir die Formulardaten admin (User) und nimda als Passwort speichern wir in der Session im Feld user den Wert admin ab. Das ist nicht gerade die sicherste Methode aber die Einfachste. Danach leiten wir den User einfach an die /admin Seite bzw. admin()-Funktion weiter.

Falls die Zugangsdaten nicht stimmen rendern wir das Template admin.html und übergeben den zusätzlich den Parameter loginFehler=True.

```
@app.route("/logout")
def logout():
    session.pop("user", None)
    return redirect(url_for("home"))
```

Beim Logout wird das Feld `user` einfach aus `session` gelöscht und der User auf die Startseite weitergeleitet.

Das war nun viel Code mit etwas wenig Erklärungen. Bevor wir die ganzen Zusammenhänge betrachten müssen wir aber noch das `@app.route("...")`, `def irgendwas()` Konstrukt klären.

Das `@...` ist ein sogenannter Dekorator. Zur Veranschaulichung habe ich ein minimalistisches Code-Beispiel bereitgestellt:

```
#!/usr/local/bin/python3
def modulOrFrameworkFunc(func):
    def innerFunc():
        print("innerFunc() ausgeführt")
        func()
    return innerFunc

@modulOrFrameworkFunc
def myFunc():
    print("myFunc() ausgeführt")

myFunc()
```

liefert:

```
innerFunc() ausgeführt
myFunc() ausgeführt
```

Im Grunde ist das Konstrukt etwas verwirrend aber wenn wir den Sinn verstehen wird es schnell klar. Der Decorator erlaubt es uns eine von uns geschreibene Funktion in eine bestehende Funktion "einzubauen".

Die Funktion `modulOrFrameworkFunc()` verlangt einen Parameter `func`. Darin befindet sich eine innere Funktion, die zuerst eine Ausgabe vornimmt und dann die Funktion aufruft, die als Parameter übergeben wurde. Dies Innere Funktion wird von `modulOrFrameworkFunc()` als Rückgabewert geliefert.

Der Dekorator übergibt die nachfolgende Funktion hier also unsere `myFunc()` an die `modulOrFrameworkFunc()` und führt `modulOrFrameworkFunc()` aus. Der Rückgabewert ist hierbei `innerFunc`. Um die Funktion zurückzugeben schreiben wir hier `return innerFunc` ohne `()`! Die Schreibweise mit den runden Klammern würde die Funktion ausführen.

In `innerFunc()` steckt nun also die Logik von sich selbst plus unser `myFunc()`. Und genau damit wird dann die `myFunc()` überschrieben.

Rufen wir nun `myFunc()` auf erfolgt zuerst die Ausgabe von `innerFunc()` und dann die von `myFunc()`. Genau das macht sich Flask zu Nutze um unsere Logik in `app.route()` einzubauen und gleichzeitig den Pfad und eventuelle weitere Parameter zu spezifizieren.

Starten wir den Flask-Server mit:

```
user@mint $ FLASK_APP=main.py FLASK_DEBUG=1 flask run --host=0.0.0.0
```

Dieser Befehl muss vom Basis-Ordner der Webapplikation ausgeführt werden. Darum haben wir zuvor auch das Terminal-Fenster stehen lassen. Hierbei Legen wir mit `FLASK_APP=main.py` die Start-Datei für unsere Webapplikation fest. Der Eintrag `FLASK_DEBUG=1` sorgt dafür, dass die Python-Datei nach jedem Speichervorgang neu eingelesen wird. Andernfalls müssten wir den Server immer von Hand mit `Strg` + `C` beenden und neu aufrufen.

`flask run --host=0.0.0.0` startet dann den Server und legt mit `--host=...` fest, dass der Server auf die IP-Adresse Ihres Netzwerks hört. Damit ist er auch von einem anderen Rechner in Ihrem Netzwerk erreichbar.

Dazu muss allerdings die Firewall entsprechend konfiguriert werden:

```
user@mint $ sudo ufw enable
user@mint $ sudo ufw allow 5000/tcp
```

Jetzt sehen wir uns nun die Datei `templates/admin.html` an

```
{% extends "main_template.html" %}

{% block pageContent %}
    {% if loginFehler == True %}
        <h2>Login fehlgeschlagen</h2>
        <b>Bitte überprüfe die Zugangsdaten</b><br><br>
    {% endif %}
    <form method="post" action="/login">
        <input type="text" name="user" placeholder="user">
        <input type="password" name="pw" placeholder="pw">
        <input type="submit" value="login" class="btn">
    </form>
{% endblock %}
```

Die erste Zeile besagt, dass mit dieser Datei die `main_template.html` erweitert wird. Es wird also der gesamte Aufbau des eigentlichen Templates geerbt und nur der leere Block `pageContent` überschrieben.

Wenn wir nun `http://127.0.0.1:5000/admin` aufrufen erhalten wir folgende Seite:

Senden wir das Formular ab werden die Daten an `http://127.0.0.1:5000/login` geschickt und die Funktion `login()` wird ausgeführt.

Geben wir nun etwas anderes als `admin` und `nimda` ein, dann schlägt die Prüfung in `login()` fehl und `render_template()` erstellt den HTML-Code neu mit dem zusätzlichen Parameter `loginFehler=True`.

Das Ergebnis ist dann folgendes:

Mit dieser Parameterübergabe Triggern wir also den Template-Block `{% if loginFehler == True %}`.

Sobald wir die richtigen Zugangsdaten eingeben wird der Parameter `user` in der Session gespeichert und wir werden wieder auf die `/admin` - Seite weitergeleitet. Dort Prüft unser `if "user" in session:` ob eine Session aktiv ist. Da dies nun der Fall ist wird danach geprüft ob der Parameter `fn` den Wert `None` hat.

Auch das Trifft zu und wir rendern die Datei `admin2.html` und übergeben diesem Template einige statistische Daten, die wir zuvor ermittelt haben.

Das Ergebnis ist folgende Seite:

Bevor wir weitermachen wollen wir uns nun `templates/admin2.html` ansehen:

```
{% block pageContent %}
    <a href="/admin?fn=art">Artikel</a> |
    <a href="/admin?fn=com">Kommentare</a> |
    <a href="/logout">Logout</a>
    <hr><br>

    {% if fn == None %}
        <h3>Willkommen Admin</h3>
        <table>
            <tr>
                <td>Artikel</td>
                <td style="text-align: right;">{{ statsArt }}</td>
            </tr>
            <tr>
                <td>Kommentare</td>
                <td style="text-align: right;">{{ statsKom }}</td>
            </tr>
        </table>
    {% endif %}
```

Zuerst erstellen wir eine Sub-Navi um die Admin-Funktionen ansprechen zu können. Dazu übergeben wir der `/admin`-Seite den Parameter `fn=art` bzw. `fn=com`.

Danach definieren wir den ersten Logischen-Block (`{% if fn == None %}`) womit wir die oben gezeigte Seite erstellen. Sie besteht aus einer Überschrift und einer Tabelle, die zwei Statistik-Parameter übernimmt und anzeigt.

```
{% if fn == "art" %}
    <h3>Artikelinhalt</h3>
    <form method="post" action="/admin?fn=art&amp;act=save"
enctype="multipart/form-data">
        <input type="text" name="headline" placeholder="Überschrift" max-
length="80" class="w780" value="{{ artEdit[1] }}"><br><br>
        <input type="text" name="teaser" placeholder="Einleitung" max-
length="200" class="w780" value="{{ artEdit[2] }}"><br><br>
        <input type="hidden" name="updID" value="{{ artEdit[0] }}">
        <input type="file" name="file" class="borderNone"
onchange="prevImg(event)" accept="image/jpeg"><br><br>
        <img src="{{ artEdit[4] }}" id="artImg" class="w780"><br><br>
        <textarea name="artikel" class="w780 h150">{{ artEdit[3] }}</
textarea><br><br>
        <input type="submit" value="speichern">
    </form>

    <h3>Artikel-Liste</h3>
    <table class="w780">
        {% for item in artList %}
            <tr>
                <td>
                    {{ item[1] }}<br><small>{{ item[2] }}</small><br>
                     
                </td>
                <td><a href="/admin?fn=art&amp;edit={{ item[0] }}">
BEARBEITEN</a></td>
                <td><a href="/admin?fn=art&amp;rem={{ item[0] }}">
LÖSCHEN</a></td>
            </tr>
        {% endfor %}
    </table>
{% endif %}
```

Falls `fn` den Wert `art` enthält wird der zweite logische Block ausgegeben.

Zuerst ein Formular um einen neuen Artikel anzulegen. Hierbei werden die Felder mit Werten vorbelegt, die aus der `artEdit`-Liste stammen (`value="{{ artEdit[1] }}"`).

Außerdem wird das versteckte Feld `<input type="hidden" name="updID" value="{{ artEdit[0] }}">` mit der ID-Spalte (*erste Spalte*) aus der `artEdit`-Liste vorbelegt.

Unter dem Formular folgt eine Liste mit allen Artikeln. Die erreichen wir durch die `{% for item in artList %}`-Schleife, die die `artList`-Liste durchläuft, Feld 2 und 3 (*Überschrift und Teaser*) ausgibt gefolgt von Links zum Editieren und Löschen denen wir die Artikel-ID übergeben.

Wollen wir einen Artikel bearbeiten, wird der Link `/admin?fn=art&edit=ID` aufgerufen. Das sorgt dafür, dass wir in der `admin()`-Funktion landen und den Parameter `edit` erhalten.

Innerhalb dieser Funktion ist die Stelle `if edit == str(row[0]):` für das überschreiben der leeren `artEdit`-Liste zuständig. Damit erhält nun auch `<input type="hidden" name="updID"...` einen Wert, der wieder beim Absenden des Formulars an die `admin()`-Funktion gesendet wird. Der zusätzliche fünfte Eintrag mit dem Pfad zum Bild falls es eines gibt wird übrigens in der Template-Zeile `<img src="{{ artEdit[4] }}" id="artImg" class="w780">` verwertet.

In `admin()` finden wir `if updID == "":` und da dies nun nicht mehr Erfüllt ist wird der dazugehörige `else`-Block ausgeführt und die Werte geändert anstatt ein neuer Artikel angelegt.

Ist der `GET`-Parameter `edit` nicht gesetzt, dann wird die leere `artEdit`-Liste nicht überschrieben und das Formularfeld `updID` bleibt leer. Damit wird dann beim Absenden der Daten der Code im `if updID == ""`-Block ausgeführt.

Sie sehen also wie wir durch das Senden von Parametern sowie das Entgegennehmen und Durchschleusen von Werten das Verhalten der Applikation steuern.

Dadurch erhalten wir beispielsweise diese Seite:

Auch hier sorgt der `GET`-Parameter `rem` dafür, dass ein DB-Eintrag gelöscht wird. Und auch hier muss das erfolgen bevor wir die Artikel-Liste in der `admin()`-Funktion zusammenstellen.

Diese besteht übrigens aus einer Liste von Tupeln bzw. aus einer Liste von Listen. Die Reihenfolge der Felder entspricht der Reihenfolge in der DB-Tabelle. Somit ist `item[0]` die jeweilige ID-Spalte, `item[1]` die jeweilige `headline`-Spalte und `item[2]` die jeweilige `teaser`-Spalte.

```
{% if fn == "com" %}
    <h3>Kommentar-Liste</h3>
    <table class="w780">
        {% for item in comments.values() %}
            <tr>
                <td><b>{{ item["headline"] }}</b></td>
                <td><a href="/artikel?id={{ item["id"] }}" target="_
blank">ZUM ARTIKEL</a></td>
            </tr>
            <tr>
                <td colspan="2"><hr></td>
            </tr>
            {% for comment in item["comments"] %}
            <tr>
                <td>{{ comment[2] }}<br><small>{{ comment[3] }}</
small><br> </td>
                <td><a href="/admin?fn=com&amp;rem={{ comment[0]
}}">LÖSCHEN</a></td>
            </tr>
            {% endfor %}

            <tr>
                <td colspan="2"><br><br> </td>
            </tr>
        {% endfor %}
    </table>
{% endif %}
{% endblock %}
```

Hier setzt sich diese Schema weiter fort. Erinnern Sie sich noch an die etwas komplexere Datenstruktur um den Artikeln die Kommentare zuordnen zu können?

Mit `{% for item in comments.values() %}` durchlaufen wir alle Werte des Dictionaries und mit `{{ item["headline"] }}` greifen wir auf einen bestimmten Wert zu. Hier beispielsweise die Überschrift des Artikels, den wir auch als Überschrift für die Kommentare verwenden.

Daneben setzen wir einen Link zum Artikel und erzeugen mit `<td colspan="2"><hr></td>` eine Trennlinie.

Danach durchlaufen wir die `comments`-Liste im Dictionary mit `{% for comment in item["comments"] %}` und geben den Namen, den Kommentar und einen Lösch-Link aus.

Auch hier nutzen wir den `fn`-Parameter in den Links um beispielsweise festzulegen ob wir mit `rem=1` nun den Artikel (`fn=art`) oder den Kommentar (`fn=com`) mit der ID 1 löschen wollen.

Nach dem Rendern dieser HTML-Codes erhalten wir folgende Seite:

Da wir bis hierhin noch keine Möglichkeit geschaffen haben, dass User Kommentare schreiben können wird die Liste der Kommentare bei Ihnen vorerst noch leer sein.

Soweit so gut. Für einen Anfänger ist dieser Code ein ziemlicher Brocken - wenn Ihnen einiges zu schnell war oder Sie noch Fragen haben, dann überfliegen Sie den Abschnitt nochmals.

Sie können auch mit `print()` an jeder beliebigen Stelle im Python-Code Ausgaben vornehmen. Diese landen allerdings nicht im der Webseite sondern werden im Terminal in dem Sie den Server gestartet haben. Somit eignet sich dies sehr gut zum Debuggen der Anwendung.

Bis hierhin haben wir mit relativ wenig Code schon recht viel Webapplikation geschaffen. Die restlichen Funktionen werden auch nicht mehr sehr viel Code erfordern.

Also erweitern wir die `main.py` um folgende Zeilen:

```python
@app.route("/")
def home():
    artList = []

    with conn.cursor() as c:
        c.execute("SELECT * FROM artikel ORDER BY id DESC LIMIT 0, 1")
        for row in c.fetchall():
            imgPath = "static/img/" + str(row[0]) + ".jpg"
            if os.path.isfile(imgPath):
                row = list(row)
```

```
        row.append('<img src="/' + imgPath + '" class="w780 marginTop-
Bottom15">')

        artList.append(row)

    return render_template("list.html", title="Willkommen", artList=artList)
```

Hier sollte Ihnen alles bekannt vorkommen. Einzig das ORDER BY id DESC LIMIT 0, 1 im SQL-Statement will ich ihnen etwas näher erklären.

ORDER BY sortiert die Ergebnisse nach einer Spalte (*hier* id) und DESC heißt absteigend. Damit erhalten wir also die neuesten Einträge (*mit der höchsten ID*) als erstes.

Das LIMIT 0, 1 besagt das wir beim Eintrag 0 (*also Nummer 1*) mit der Ausgabe beginnen und nur 1 Eintrag erhalten wollen. Damit beschränken wir also die Ergebnisse auf den neuesten Beitrag.

Dies schicken wir durch folgendes Template:

```
{% extends "main_template.html" %}

{% block pageContent %}
    {% for item in artList %}
        <h3>{{ item[1] }}</h3>
        <small>{{ item[2] }} <a href="/artikel?id={{ item[0] }}">mehr
&gt;&gt;&gt;</a></small><br>
        {{ item[4]|safe }}
        <hr><br><br>
    {% endfor %}
{% endblock %}
```

Überschrift als <h3>-Element, Teaser-Text im <small>-Element und ein Link zu /artikel?id=ID. Einzig neues ist hier der Platzhalter {{ item[4]|safe }}.

Das |safe markiert den Platzhalter als Sicher und deaktiviert damit die XSS-Filter von Flask. Somit können wir hier nicht nur Daten sondern auch HTML-Code übergeben. Dies ist wichtig weil je nach dem, ob ein Bild vorhanden ist oder nicht, im Listenfeld mit der ID 4 entweder ein Leerstring steckt oder der komplette <img>-Tag.

Würden wir nur den Pfad übergeben dann würde ein leerer Datensatz dazu führen, dass wir einen <img>-Tag ohne Bild im Quelltext haben würden. Wir müssten also wieder ein {% if ... %} bemühen um kein Standard Platzhalter-Bild angezeigt zu bekommen.

Wir erhalten dadurch folgende Seite:

Hallo Welt in Python

So einfach kann programmieren sein... mehr >>>

```
sh-3.2# python3 halloWelt.py
Hallo Welt
sh-3.2#
```

HOME
Archiv
Impressum

Nun wollen wir dafür sorgen, dass wir auch den ganzen Artikel lesen können:

```python
@app.route("/artikel", methods=["GET", "POST"])
def artikel():
    id  = request.args.get("id")
    act = request.args.get("act")

    artList = []
    commentList = []

    with conn.cursor() as c:
        # Kommentar speichern
        if act == "save":
            name = request.form.get("name").replace('\\', '\\\\').replace('"',
'\\"')
            comment = request.form.get("comment").replace('\\', '\\\\').repla-
ce('"', '\\"')

            c.execute('INSERT INTO kommentare VALUES(NULL, "' + id + '", "' +
name + '", "' + comment +'")')
            conn.commit()

        # Artikeldaten auslesen
        c.execute('SELECT * FROM artikel WHERE id = "' + id + '"')
        row = list(c.fetchone())

        # Bild falls vorhanden anfügen
        imgPath = "static/img/" + str(row[0]) + ".jpg"
        if os.path.isfile(imgPath):
            row.append('<img src="/' + imgPath + '" class="w780 marginTopBot-
```

```
tom15">')

        artList.append(row)

        # Kommentare auslesen
        c.execute('SELECT * FROM kommentare WHERE art_id = "' + str(row[0]) +
'"')

        for row in c.fetchall():
            row = list(row)
            row[3] = row[3].replace("\n", "<br>")
            commentList.append(row)

    return render_template("artikel.html", title="Artikel", artList=artList,
commentList=commentList)
```

Auch hier ist nichts Neues enthalten. Im Grunde ist das eine kürzere `admin()`-Funktion, kürzer vor allem weil es keinen Bildupload gibt und auch das nachträgliche Bearbeiten der Kommentare nicht vorgesehen ist.

Dann sehen wir uns einmal die `templates/artikel.html` an:

```
{% extends "main_template.html" %}

{% block pageContent %}
    {% for item in artList %}
        <h2>{{ item[1] }}</h2>
        <p class="teaser">{{ item[2] }}</p>
        {{ item[4]|safe }}
        <p class="artCont">{{ item[3]|safe }}</p><br>

        <hr><br><br>

        <h2>Kommentare</h2>
        {% for comment in commentList %}
            <div class="comment">
                <div class="quotMark">&rdquo;</div>
                <small><i><b>{{ comment[2] }}</b><br>{{ comment[3]|safe }}</
i></small>
            </div>
        {% endfor %}

        <br><br>
        <b>Kommentar schreiben</b>
        <form method="post" action="/artikel?id={{ item[0] }}&amp;act=save">
            <input type="text" name="name" placeholder="name" maxlength="80"
class="w780"><br><br>
```

```
            <textarea name="comment" class="w800 h150"></textarea><br><br>
            <input type="submit" value="speichern">
        </form>
    {% endfor %}
{% endblock %}
```

Der Artikel, gefolgt von den abgegebenen Kommentaren und am Ende noch ein Formular zum Schreiben eines Kommentares. Auch hier ist nicht enthalten was wir nicht bereits aus /admin kennen.

Dennoch will ich Ihnen das gerenderte Ergebnis nicht vorenthalten:

Jetzt müssen wir noch die Suche und das Archiv mit Leben füllen... Dazu benötigen wir folgenden Code:

```
@app.route("/archiv")
def archiv():
    artList = []

    with conn.cursor() as c:
        c.execute("SELECT * FROM artikel ORDER BY id DESC")
        for row in c.fetchall():
            artList.append(row)

    return render_template("list.html", title="Alle Artikel", artList=artList)
```

159

Für das Archiv benutzen wir wieder unser `list.html`-Template. Wir beschränken hier allerdings die Liste nicht auf eine bestimmte Anzahl an Treffern. Dafür prüfen wir auch nicht ob ein Bild vorhanden ist oder nicht.

Darum ist die Übergabe des ganzen HTML-Tags hier auch so wichtig. Dadruch können wir das gleiche Template verwenden und einmal einen Eintrag inklusive Bild und ein anderes Mal eine ganze Liste an Einträgen ohne Bilder damit aufbauen.

Damit erhalten wir nun:

Dann wenden wir uns der Suche zu:

```python
@app.route("/suche")
def suche():
    q = request.args.get("q")
    artList = []

    with conn.cursor() as c:
        c.execute('SELECT * FROM artikel WHERE headline LIKE "%' + q + '%" OR teaser LIKE "%' + q + '%" OR artikel LIKE "%' + q + '%" ORDER BY id DESC')
        for row in c.fetchall():
            artList.append(row)

    return render_template("list.html", title="Suche nach \"" + q + "\"", q=q, artList=artList)
```

Auch hier bietet unser `list.html`-Template wieder alles was wir benötigen. Wir müssen also nur eine veränderte SQL-Abfrage ausführen und damit eine Suchergebnis-Liste generieren.

Hierbei dient das %-Zeichen als Joker für beliebige Zeichen. LIKE führt eine Volltextsuche durch. WHERE headline LIKE "%' + q + '%" heißt also grob übersetzt *bei denen das `headline`-Feld beliebige Zeichen gefolgt vom Suchbegriff gefolgt von beliebigen Zeichen enthält*". Mit der OR-Verknüpfung weiten wir das gleiche Muster auf die Felder teaser und artikel aus.

Am Ende müssen wir nur noch den `q`-Parameter zusätzlich übergeben, damit dieser von der `main_template.html` in das Suchfeld wieder eingetragen werden kann. Somit erhalten wir:

Jetzt fehlt nur noch das Impressum, welches wir mit folgendem Code in der `main.py` realisieren:

```
@app.route("/impressum")
def impressum():
    return render_template("impressum.html", title="Impressum")
```

Hier wird nur das entsprechende Template gerendert. Also sehen wir uns an, wie dieses aussieht:

```
{% extends "main_template.html" %}

{% block pageContent %}
    <b>Max Mustermann</b><br>
    Musterstr. 1<br>
    1010 Wien<br><br>
    ...
{% endblock %}
```

Die Ableitung von `main_template.html` und einfacher statischer HTML-Text im `pageContent`-Block. Dieser einfachste Fall eines Templates liefert:

Webseiten mit Python - Abschließende Worte

Mit gerade mal 208 Zeilen Python-Code haben wir dieses Projekt realisiert. Dank der Template-Engine können wir uns das Generieren von HTML-Code in unserem Python-Code und damit viele zusätzliche Zeilen sparen.

Somit haben wir ein sehr effektives System mit relativ wenig Aufwand Webprojekte zu realisieren. Der Code den Sie hier sehen enthält allerdings noch ein paar Ecken und Kanten - Bei so kleinen Projekten tendiere ich dazu ohne Planung darauf los zu programmieren. Das spart anfänglich zwar Zeit führt aber zu etwas wirr strukturiertem Code und einigen unnützen Zeilen.

Ich überlasse es an dieser Stelle Ihnen als Übung den Code etwas aufzuräumen und besser bzw. effektiver zu strukturieren. Dies mache ich auch, wenn ich einen funktionierenden Prototypen habe.

Aber natürlich fehlt noch sehr viel an Funktionalität. So prüfen wir nicht, ob der User die benötigten Felder ausfüllt oder nicht und wir Schützen unsere Applikation auch noch nicht vor XSS, CSRF, SQLi und diversen anderen Angriffen. Es ist sogar jedem dahergelaufenen User möglich Admin als Name einzutragen und so den Eindruck zu erwecken der Kommentar stamme vom Seitenbetreiber.

Sie können nun auf Basis dieses Codes weitere Funktionen wie Fehlerprüfungen, das erfassen von Datumsangaben bei Posts und Kommentaren, etc. erweitern.

Wenn Sie sich ernsthaft mit der Webentwicklung beschäftigen, sollten Sie sich auch mit der Sicherheit von Webanwendungen und den möglichen Angriffen beschäftigen. Dazu kann ich Ihnen mein Buch "Hacken mit Kali-Linux" empfehlen. Die ISBN und ein paar weiter Informationen finden Sie auf den letzten Seiten des Buches.

Nutzen Sie dazu die Dokumentation von Python, Flask, Jinja2, SQL, HTML, CSS, ...

Eine weitere gute Idee wäre es Posts bzw. Artikel in Kategorien einzuteilen. Sie sehen wie die Zuteilung von Kommentaren zu Artikeln funktioniert... Versuchen Sie das Gleiche mit Artikel - Kategorie hinzubekommen. Um die Datenbank einfacher bearbeiten zu können, sollten Sie sich auch das Tool phpMyAdmin ansehen.

Allerdings will ich Ihnen noch ein Wort der Warnung mit auf den Weg geben, bevor Sie beginnen Ihren privaten Blog in Python zu schreiben. In der Regel läuft so eine Python-Seite nicht auf einem 0815 Shared Hosting Paket.

Es mag zwar den ein oder anderen Hoster geben der sich auf Shared-Pakete für Flask oder Django spezialisiert hat aber ich persönlich habe mit denen keine Erfahrung. Meist läuft so ein Projekt auf einem eigenen VPS- oder Root-Server und die sind nicht billig!

Hierbei hat man zwei Optionen - eigenverantwortlich oder gemanagter Server. Sie müssen sich also entweder um die Wartung und Sicherheit komplett allein kümmern was ich einem Anfänger auf keinen Fall raten würde oder der Server wird vom Hoster gegen ein entsprechendes Entgeld mitbetreut.

Die Kosten sind in jedem Fall höher für eine Python-Seite. Dafür bekommt man allerdings die Freiheit die Applikation und den gesamten Server bis ins kleinste Detail an die eigenen Bedürfnisse anzupassen. So ist es dann auch nicht verwunderlich, dass Seiten wie Youtube, Google, Dropbox oder Instagram mit Python realisiert wurden.

GUI-Programmierung

GUI steht für Grafical User Interface und das ist wiederum nichts anderes als die Summe der ganzen Menüs, Buttons, Eingabe- und Beschriftungsfelder, Auswahl- und Meldungsfenster, etc. aus dem sich ein modernes Anwenderprogramm zusammensetzt.

Wenn Sie so wollen haben wir bei der Web-Entwicklung mit HTML die GUI entwickelt und mit Python die Logik. Beim Schreiben einer Desktopanwendung haben wir die Wahl welches GUI-Framework wir verwenden wollen.

Hierbei kommen vielen Leuten Qt, GTK, wxPython, oder diverse andere Frameworks in den Sinn. Teilweise nimmt diese Frage sogar beinahe religiöse Züge an. Nach längerem Hin und Her habe ich mich aber für ein oft verkanntes Framework namens `tkinter` entschieden.

Tkinter ist nicht das schönste oder grafisch aufwändigste Framework dafür ist es sofort verfügbar und wird mit Python ausgeliefert. Das hat den Vorteil, dass auf dem Rechner desjenigen, der das Programm benutzt nicht zusätzlich noch ein weiters Framework und die dazugehörigen Laufzeitkomponenten installiert werden müssen.

Wenn Sie einmal mit einem GUI-Framework gearbeitet haben und die grundsätzliche Logik dahinter verstanden haben, dann ist es auch kein Hexenwerk sich in ein anderes Framework einzuarbeiten.

Also legen wir gleich los und sehen uns an, wie wir ein erstes GUI-Programm erstellen.

```python
from tkinter import *

mainWin = Tk()

lblNone = Label(mainWin, text="kein fill", bg="#000000", fg="#FFFFFF")
lblNone.pack()

lblStrechtX = Label(mainWin, text="fill X", bg="#999999")
lblStrechtX.pack(fill=X)

lblStretchY = Label(mainWin, text="fill Y\nside LEFT", bg="#333333",
fg="#FFFFFF")
lblStretchY.pack(fill=Y, side=LEFT)

mainWin.mainloop()
```

Da es dutzende sogenannte Widgets (*GUI-Elemente*) gibt, entscheide ich mich an dieser Stelle dafür mit `from tkinter import *` alle Elemente der Klasse zu laden. Dies ist eine der Ausnahmen, die die Regel bestätigen... Mit `mainWin = Tk()` erstellen wir eine Instanz der Tk-Klasse, welche unser Hauptfenster repräsentiert.

Das Hinzufügen von Widgets ist ein zweistufiger Prozess. Zuerst erzeugen wir eine Instanz des Widgets (*hier zB ein Label oder Beschriftungsfeld*), der wir als erstes das Eltern-Element übergeben gefolgt von weiteren Eigenschaften. Hier in dem Beispiel sollte `text=""` selbsterklärend sein - `bg` und `fg` stehen für Hintergrund- bzw. Vordergrundfarbe.

Danach wird das GUI-Element mit einem sogenannten Geometrie-Manager dem Fenster hinzugefügt. Hier sehen Sie beispielsweise die Verwendung von `pack()`. Dabei können dem Geometrie-Manager wiederum Optionen zur Positionierung übergeben werden. Hier zeige ich Ihnen beispielhaft die `fill`-und `side`-Option.

Das wiederholen wir für innsgesamt drei Labels.

Mit `mainWin.mainloop()` starten wir die sogenannte Ereignisschleife. Das ist quasi eine Endlosschleife, die auf Benutzerinteraktion wartet. Würden wir diese Zeile vergessen, würde das Programm nur für einen Sekundenbruchteil aufflackern und sich automatisch sofort wieder beenden. Wenn wir nun das Programm starten sehen wir folgendes:

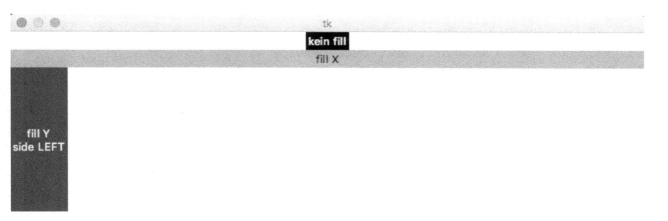

Die `fill`-Option sorgt dafür, dass die zwei unteren Labels mit dem Fenster in der jeweiligen Fill-Richtung mitwachsen. Hierbei stehen X und Y für die Achsen eines Koordinatensystems. Anders als Sie es aus der Schule gewohnt sind, ist der Nullpunkt hierbei nicht unten links sondern die obere linke Ecke.

Y steht wie gewohnt für eine Bewegung von Links nach Rechts. Positive X-Werte entsprechen einer Bewegung von Oben nach Unten.

Pack ist nicht der einzige Geometrie-Manager... Bevor wir mit einem kleinen Projekt loslegen wollen wir uns noch das Grid-Layout ansehen. Hierbei arbeiten wir mit Zeilen (*rows*) und Spalten (*columns*). Sie teilen das Programmfenster also vor Ihrem geistigen Auge in ein Raster auf und teilen die einzelnen Widgets auf die Spalten und Zeilen dieses Rasters auf.

Grid-Layout & weitere Grundlagen

```python
from tkinter import *

def btnOK_Click(evt=None):
    txtOne.delete(0, END)
    txtTwo.delete(0, END)
    txtOne.focus()


mainWin = Tk()

lblOne = Label(mainWin, text="Label 1", bg="#000000", fg="#FFFFFF")
lblTwo = Label(mainWin, text="Langes Label 2", bg="#CCCCCC", fg="#000000")

txtOne = Entry(mainWin)
txtTwo = Entry(mainWin)

btnOK = Button(mainWin, text="O.K.", command=btnOK_Click)

lblOne.grid(row=0, column=0, sticky=E, padx=5, pady=5)
lblTwo.grid(row=1, column=0, sticky=E, padx=5, pady=5)
txtOne.grid(row=0, column=1, sticky=W+E, padx=5, pady=5)
txtTwo.grid(row=1, column=1, sticky=W+E, padx=5, pady=5)
btnOK.grid(row=2, column=1, sticky=W+E+S, padx=5, pady=5)

Grid.columnconfigure(mainWin, 1, weight=1)
Grid.rowconfigure(mainWin, 0, weight=1)
Grid.rowconfigure(mainWin, 1, weight=1)
Grid.rowconfigure(mainWin, 2, weight=10)

mainWin.minsize(360, 120)
mainWin.mainloop()
```

Nachdem wir wieder unsere Widgets importieren erstellen wir eine Funktion namens btnOK_Click(). Dies muss bei dieser Schreibweise ganz oben erfolgen. Einerseits aus Gründen der Übersichtlichkeit aber vor allen darum weil wir eine Funktion definieren müssen, bevor wir Sie verwenden.

Die Beschriftungsfelder lblOne und lblTwo kennen wir bereits. Neu sind an dieser Stelle die Eingabe-Felder (*Entry*) txtOne und txtTwo sowie der Button btnOK, welchem wir mittels command die zuvor erstelle Funktion übergeben.

Für diejenigen, die sich fragen was diese macht - die zwei Eingabefelder werden geleert und mit focus() wird der Cursor in das erste Eingabefeld gesetzt. So ein Verhalten ist typisch für viele Eingabemasken - nachdem die Werte gespeichert bzw. verarbeitet wurden wird das Formular geleert und der Cursor wieder passend für die nächste Eingabe positioniert. Natürlich würde bei einem realen Programm zuvor irgendetwas mit den Daten geschehen.

Dann folgt das eigentliche Layout - `lblOne` und `lblTwo` werden in den ersten zwei Zeilen (`row=0` *bzw.* 1) in der ersten Spalte (`column=0`) platziert. Hierbei werden diese Elemente mit der Option `sticky=E` östlich ausgerichtet. Stellen Sie sich einfach eine Karte vor, dann liegt Osten (*East*) rechts und genau an der rechten Kante der jeweiligen Zelle landen diese Beschriftungsfelder. `padx=5` und `pady=5` sorgen dafür, dass die Elemente einen Abstand in X- bzw. Y-Richtung von je 5 Pixel haben und nicht direkt an einander kleben.

`txtOne` und `txtTwo` landen in der zweiten Spalte (`column=1`) und werden mit `sticky=W+E` dehnbar gemacht. Sprich diese Felder sollen sich an der linken und rechten Seite der Zelle andocken. Wächst die Zelle dann werden die Eingabefelder mit gedehnt.

Der Button `btnOK` wird schließlich in der dritten Zeile (`row=2`) in der zweiten bzw. rechten Spalte hinzugefügt. Dabei wird der Button an der linken, rechten und unteren Kante der Zelle verankert. Warum das wird klar wenn wir die nächsten vier Zeilen besprechen.

Ich habe mir angewöhnt, mehrfach auftretende GUI-Elemente mit einem Prefix zu gruppieren. So verwende ich `txt` als Prefix für Textboxen oder Entry-Elemente wie Sie hier heißen. Das bietet mir zwei Vorteile - suche ich ein solches Element kann mich aber nicht an den Namen erinnern, dann brauche ich nur `txt` eingeben und die Auto-Vervollständigung eines guten Editors wird mir alle Elemente vorschlagen. In dieser Liste brauche ich dann nur nach den passenden Eintrag zu suchen.

Außerdem weiß ich so immer, womit ich es zu tun habe. Wenn ich irgendwo im Quelltext auf `lblSomething` treffe dann weiß ich sofort, dass dies die Instanz einer Label-Klasse ist und ich weiß welche Methoden und Eigenschaften mir zur Verfügung stehen. Das mag bei dem kleinen Beispiel noch banal klingen, aber wenn Sie irgendwann mal zehntausende Zeilen Code mit tausenden Variablen- und Instanznahmen vor sich haben, erspart dies eine Menge Sucherei.

Bis hierhin haben wir dafür gesorgt, dass sich unsere GUI-Elemente bei einer Größenänderung des Fensters entsprechend verhalten aber nicht alle GUI-Elemente sind sichtbar. So stellt unser Raster ebenfalls ein solches Element dar und wir müssen noch festlegen welche Spalten und Zeilen sich vergrößern können und welche nicht.

Der Standardwert einer Raster-Zeile bzw. Spalte legt fest, dass keine Größenänderung erfolgt. Mit `Grid.columnconfigure()` bzw. `Grid.rowconfigure()` werden wir dieses Verhalten anpassen. Hierbei übergeben wir zuerst das Eltern-Element und dann die Spalten- bzw. Zeilennummer und dann eine Gewichtung.

Im Fall der Spalten ist die linke Spalte noch auf dem Standard-Wert und wächst nicht. Die rechte Spalte erhält ein Gewicht von 1 und da es keine weiteren Spalten gibt, wird auf diese Spalte die gesamte Breitenänderung angewendet.

Bei den Zeilen kommt Zeile 1 (`row=0`) und 2 (`row=1`) jeweils ein Gewicht von 1 zu. Der dritten Zeile geben wir allerdings 10 als Gewichtung. Damit ergibt sich eine Summe von 12. Die Höhenänderung wird dann durch 12 dividiert und auf Zeile 1 und 2 zu jeweils einem Teil angewand - die rechtlichen 10 Teile werden der dritten Zeile zugerechnet.

Damit erreichen wir, dass die Eingabe-Felder zwar ein wenig auseinander gezogen werden aber das Formular dennoch nicht komplett zerrissen wird. Lediglich der Button, der ja am unteren Ende seiner Zelle angedockt ist wird unter Umständen weit von den Eingabe-Feldern entfernt. Da dies jedoch ein üblicher Platz für einen OK-Button darstellt kann man gut damit leben.

Sie können die Werte natürlich nach ihren Vorlieben anpassen.

Schließlich legen wir noch eine Mindestgröße für das Fenster fest um zu verhindern, dass ein User das Fenster derart verkleinert, dass das Formular unbenutzbar wird und starten die Ereignisschleife.

Nun erhalten wir folgendes Fenster:

Nach dem Vergrößern positionieren sich die Widgets wie folgt:

GUI - Entwicklung in Aktion

Wir wollen unser kleines JSON-Beispiel wieder aufgreifen und daraus ein kleines GUI-Tool machen. Dabei werde ich das Programm so konzipieren, dass das Programm unter Linux, OSX und Windows läuft. Das das auch klappt habe ich unter Windows 7, Debian 9 und OSX 10.11 ausprobiert. Also legen wir gleich los:

```
#!/usr/local/bin/python3
import os, sys
import time
import requests, json
import tkinter as tk
from tkinter import *
from tkinter import ttk
from tkinter import messagebox
from tkinter import filedialog
```

Bei diesem Projekt habe ich mich aus praktischen Gründen für den objektorientierten Ansatz entschieden. Die Tk-Klasse und deren Abkömmlinge besitzen eine Methode Namens `after()`, die es erlaubt eine Funktion mit einer gewissen Verzögerung aufzurufen. Da die Klasse Tk das Fenster an sich darstellt habe ich unsere `CoinPortfolioOverview`-Klasse von `Frame` abgeleitet.

Frame ist ein Abkömmling von Tk und stellt einen leeren Layout-Container zur Verfügung - also ein unsichtbares GUI-Element in dem sich weitere Elemente mittels `grid()` oder `pack()` organisieren und gruppieren lassen.

```
class CoinPortfolioOverview(Frame):
    def __init__(self, master):
        # Variablen bzw. Eigenschaften vorbelegen #########################
        Frame.__init__(self, master)
        self.__master = master

        self.APPNAME = "Coin Portfolio Overview"
        self.APPVERSION = "1.0.0"

        self.PORTFOLIO = []
        self.JSON = []
        self.FILE_CHANGED = False
        self.FILEPATH = StringVar()

        self.__master.title(self.APPNAME + " [unbenannt.csv]")
        self.__master.protocol("WM_DELETE_WINDOW", self.onClosing)
```

```
    # Für Mac OSX (darwin) bzw. Linux + Windows Shortcut-Taste und
    # rechte Maustaste definieren
    if sys.platform == "darwin":
        shortcutKey = "Command"
        rightMouseBtn = "Button-2"
    else:
        shortcutKey = "Control"
        rightMouseBtn = "Button-3"
```

Außerdem ist an dieser Stelle wichtig zu wissen, dass wir der Klasse bzw. dem Konstruktor das Eltern-Element als Paramater `master` übergeben und dies in der Eigenschaft `__master` der Klasse abspeichern.

Mit `self.__master.title()` wird schließlich der Fenstertitel festgelegt und `self.__master.protocol()` sorgt dafür, dass die Methode `onClosing()` ausgeführt wird bevor das Programm beendet wird. Das brauchen wir später um zu Fragen ob noch nicht gespeicherte Änderungen verworfen werden sollen. Der Rest sollte für Sie an dieser Stelle im Buch vollkommen klar sein.

```
    # Hauptmenü ###########################################################
    mainMenu = Menu(self.__master)
    self.__master.config(menu=mainMenu)

    filemenu = Menu(mainMenu)
    mainMenu.add_cascade(label="Datei", menu=filemenu)
    filemenu.add_command(label="Neu", command=self.newFile,
accelerator=shortcutKey+"+N")
    filemenu.bind_all("<" + shortcutKey + "-n>", self.newFile)
    filemenu.add_command(label="Öffnen...", command=self.openFile,
accelerator=shortcutKey+"+O")
    filemenu.bind_all("<" + shortcutKey + "-o>", self.openFile)
    filemenu.add_command(label="Speichern", command=self.saveFile,
accelerator=shortcutKey+"+S")
    filemenu.bind_all("<" + shortcutKey + "-s>", self.saveFile)
    filemenu.add_command(label="Speichern unter...", command=self.saveFile-
As)
    filemenu.add_separator()
    filemenu.add_command(label="Programm beenden", command=self.doQuit,
accelerator=shortcutKey+"+Q")
    filemenu.bind_all("<" + shortcutKey + "-q>", self.doQuit)

    tickermenu = Menu(mainMenu)
    mainMenu.add_cascade(label="Ticker", menu=tickermenu)
    tickermenu.add_command(label="Zeige alle Daten", command=self.ticker-
ShowAll, accelerator=shortcutKey+"+T")
    filemenu.bind_all("<" + shortcutKey + "-t>", self.tickerShowAll)
```

```
helpmenu = Menu(mainMenu)
mainMenu.add_cascade(label="Hilfe", menu=helpmenu)
helpmenu.add_command(label="Über ...", command=self.about)
```

Zuerst erstellen wir eine Instanz der Klasse Menu mit dem Namen `mainMenu` und weisen diese dem Hauptfenster (`__master`) als Menü mit der `config()` Methode zu.

Dieses Schema wiederholt sich im Grunde die ganze Zeit... Wir erstellen eine weitere `Menu`-Instanz und nennen diese `filemenu`. Dabei bekommt `filemenu` das `mainMenu` als Eltern-Element um eine Verschachtelung zu erreichen. Dann wird `filemenu` mit `add_cascade()` ein Dropdown-Menu mit der Beschriftung "Datei" hinzugefügt.

Danach fügen wir dem Filemenu weiter Punkte mit `filemenu.add_command()` hinzu. Hierbei wird neben der Beschriftung (`label`) auch eine auszuführende Funktion (`command`) und ein Shortcut (`accelerator`) übergeben.

Allein den Shortcut zu übergeben ist allerdings nicht genug, zumindest unter OSX war ein zusätzliches Binden an das Event nötig. Es kann durchaus sein, dass dies unter Windows oder Linux nicht nötig ist bzw. automatisch erfolgt. Da unser Programm aber auf allen Plattformen laufen soll und ich grundsätzlich auf einer Plattform entwickle und erst final kleinere Systemunterschiede anpasse habe ich es von vorn herein schon so vorbereitet. Das Binden erreichen wir mit `filemenu.bind_all()`. Hierbei übergeben wir zwei Parameter nochmals den Shortcut-Sting innerhalb von < und > sowie nochmals die Funktion die durch den Shortcut aufgerufen werden soll.

Das `add_separator()` sollte selbsterklärend sein und im Grunde passiert beim `tickermenu` und `helpmenu` genau das zuvor beschriebene abermals.

```
    # Tabelle ########################################################
containerTop = Frame(self.__master)
containerTop.pack(fill=BOTH, expand=True)

    self.tblPortfolioHeads = ("ID", "COIN", "MENGE", "EK KURS EUR", "AKT.
KURS EUR", "AKT. WERT EUR")
    self.tblPortfolio = ttk.Treeview(containerTop, columns=self.tblPortfo-
lioHeads, show="headings")
    self.tblPortfolio.pack(fill=BOTH, expand=True, anchor=NE)
```

Der nächste Punkt den wir unserem Hauptfenster hinzufügen wollen ist eine Tabelle, die das Portfolio anzeigt. Hierbei erstellen wir zuerst einen unsichtbaren Frame-Container und packen diesen in das Hauptfenster. Die `pack()` Methode erlaubt uns an dieser Stelle einfach allen frei verfügbaren Raum im Fenster für die Tabelle einzunehmen.

Als Tabelle verwenden wir das `Treeview`-Widget des Moduls `ttk`. Die übergebenen Parameter sollten selbsterklärend sein. Da im `containerTop` nur ein Element landet verwenden wir wieder `pack()` und legen mit `anchor=NE` eine nord-östliche (*oben, links*) Ausrichtung fest.

```
# Popup-Menu ###############################################

    self.popup = Menu(self.__master, tearoff=0)
    self.popup.add_command(label="Löschen", command=self.deleteEntry)
    self.tblPortfolio.bind("<" + rightMouseBtn + ">", self.showPopupMenu)
```

Danach spendieren wir unserer Tabelle ein Kontext-Menü. Dazu erstellen wir wie zuvor ein einfaches Menü mit nur einem Element. Danach binden wir die Methode `showPopupMenu()` an das Rechtsklick-Event des Treeview-Widgets.

```
# Eingabe-Formular ###########################################
    containerBottom = Frame(self.__master, bg="#BBBBBB")
    containerBottom.pack(fill=X, expand=False)

    lblSymbol = Label(containerBottom, text="Symbol", bg="#BBBBBB")
    lblSymbol.grid(row=0, column=0, sticky=W+E)
    lblAmount = Label(containerBottom, text="Menge", bg="#BBBBBB")
    lblAmount.grid(row=0, column=1, sticky=W+E)
    lblBuyPrice = Label(containerBottom, text="Kauf-Kurs", bg="#BBBBBB")
    lblBuyPrice.grid(row=0, column=2, sticky=W+E)

    self.txtSymbol = Entry(containerBottom, bg="#FFFFFF")
    self.txtSymbol.grid(row=1, column=0, sticky=W+E, padx=5, pady=5)
    self.txtAmount = Entry(containerBottom, bg="#FFFFFF")
    self.txtAmount.grid(row=1, column=1, sticky=W+E, padx=5, pady=5)
    self.txtBuyPrice = Entry(containerBottom, bg="#FFFFFF")
    self.txtBuyPrice.grid(row=1, column=2, sticky=W+E, padx=5, pady=5)

    btnAddCoin = Button(containerBottom, text="hinzufügen", command=self.
addCoin)
    btnAddCoin.grid(row=1, column=3, sticky=W+E, padx=5, pady=5)

    Grid.columnconfigure(containerBottom, 0, weight=1)
    Grid.columnconfigure(containerBottom, 1, weight=1)
    Grid.columnconfigure(containerBottom, 2, weight=1)
    Grid.columnconfigure(containerBottom, 3, weight=1)
```

Wir erstellen einen zweiten Container und platzieren diesen wieder mit `pack()`. Dadurch landet er direkt unter dem vorigen Container. Das Eingabe-Formular sollte ihnen nach dem vorigen Programm Beispiel vollkommen klar sein. Sie sehen außerdem, dass man `pack()` und `grid()` auch gut kombinieren kann.

```
# Statusbar ###############################################
    self.statusBar = Label(self.__master, bg="#999999", bd=1,
relief=SUNKEN, font=(None, 10), anchor=W, textvariable=self.FILEPATH)
    self.statusBar.pack(fill=X, expand=True, side=LEFT)
```

```
        self.statusBarRight = Label(self.statusBar, bg="#999999", font=(None,
10), anchor=E)
        self.statusBarRight.pack(fill=X, expand=False, side=RIGHT)
```

Danach spendieren wir unserem Programm eine Statusleiste. Dazu missbrauchen wir einfach
ein Label das wir mit `pack()` positionieren. Da dies das letzte Element ist, dass wir in unser
Hauptfenster packen landet es auch an der untersten Stelle. Der erste Container sorgt dabei mit
seiner Ausbreitung dafür, das das Formular und die Stausleiste an den unteren Rand des Fensters
gedrückt werden.

Neu hierbei ist ein Rahmen (`bd=1`), `relief=SUNKEN` was dafür sorgt, dass das Element wie ein-
gedrückt wirkt und die Textvariable. Diese aktualisiert den Labeltext automatisch immer dann,
wenn die übergebene Variable den Inhalt ändert. Damit wird auch klar warum wir `self.FILE-
PATH` zu beginn der Klasse als `StringVar()` definiert haben.

Um einen zweiten Wert in der Statusleiste an der rechten Seite anzeigen zu können haben wir in
unser `statusBar`-Label ein zweites Label Namens `statusBarRight` gepackt.

```
        # Fenter in der Vordergrund bringen (nötig für OSX)
        self.__master.lift()
        self.__master.attributes('-topmost', True)
        self.__master.after_idle(self.__master.attributes, '-topmost', False)
```

Diese drei Zeilen Code sind lediglich für den Mac nötig, um das Fenster in den Vordergrund zu
bekommen. Da dort einiges anders läuft sollte es auch nicht verwundern, dass ohne diese Zeilen
der Python-Inpertreter anstatt des Python-Programms in den Vordergrund gerückt wird.

Wer für OSX entwickelt muss sich einfach mit ein paar Eigenheiten auseinandersetzen. Dies soll
aber keinesfalls eine Wertung sein. Diese Eigenheiten haben schon einen Grund und sind dem
Bedienkonzept und der Art und Weise wie Mac-Software normalerweise geliefert wird geschul-
det. Erstellt man für den Mac ein ordentliches .app-Paket (*Ordner mit der Endung .app, bestimmter Struktur und ein paar Config- und Shellcript-Dateien*) dann bekommt man das auch sofort in den Griff.

```
        img = tk.PhotoImage(file = os.path.join(os.path.dirname(os.path.real-
path(__file__)), 'cpo.gif'))
        self.__master.call('wm', 'iconphoto', self.__master._w, img)
```

Damit laden wir eine GIF-Datei und verwenden diese als Programm-Icon. Bei `tkinter` sind auch
explizit GIF-Dateien empfohlen. Aber auch das klappt am Mac nicht - dazu müssen wir dann
wirklich ein ordentliches .app-Paket erstellen andernfalls wird das nichts.

```
        # Ausführen des Tickers um die JSON-Daten zu laden
        self.ticker()
```

Nachdem der Ticker die ersten JSON-Daten lädt sind wir mit der `__init__()` Funktion durch.

Dann machen wir uns an die einzelnen Programm-Funktionen. Diese sind nichts weiter als normale Methoden unserer Klasse...

```
def newFile(self, evt=None):
    if self.FILE_CHANGED:
        self.askSaveFileYesNo()

    self.FILE_CHANGED = False
    self.FILEPATH.set("")
    self.PORTFOLIO = []
    self.__master.title(self.APPNAME + " [unbenannt.csv]")
    self.rebuildPortfolioView()
```

Ob sich die aktuell bearbeitete Datei geändert hat speichern wir in der Klassen-Eigenschaft FILE_CHANGED. Hier fragen wir dies ab und rufen gegebenenfalls askSaveFileYesNo() auf.

Danach werden die Variablen bzw. Eigenschaften der Klasse auf den Urzustand zurückgesetzt und die Portfolio-Tabelle aka unser Treeview-Widget neu aufgebaut.

Einige Variablennamen sind in GROSSBUCHSTABEN geschrieben. Dies sind in der Regel sogenannte Konstanten, die nicht verändert werden können. Ich verwende diese Schreibweise aber auch für meine wichtigsten Variablen einfach um sicherzustellen, dass ich zweimal darüber nachdenke bevor ich damit etwas mache und um zu verhindern, dass diese versehentlich überschrieben werden wenn ich eine weitere Variable anlege...

```
def askSaveFileYesNo(self, evt=None):
    res = messagebox.askyesno("Daten speicher?", "Sollen die Änderungen
vor den schließen gespeichert werden?", icon='warning')
    if res == True:
        self.saveFile()
```

Die askSaveFileYesNo() ist relativ übersichtlich. Wir erzeugen eine Messagebox (*kleines Popup-Fenster mit einer Frage*) und speichern die Antwort in res. Ist diese Antwort True dann rufen wir einfach saveFile() auf.

Ein weiterer kleiner Vorteil des objektorientierten Ausbaus ist, dass wir beim Anlegen der Funktionen in der Klasse nicht auf die Reihenfolge achten müssen. Der Code wird erst aufgerufen, wenn wir eine Instanz der Klasse erzeugen und dies geschieht in den letzten Zeilen der Datei. Bis dahin hat der Interpreter alle Funktionen bereits eingelesen.

```
def openFile(self, evt=None):
    if self.FILE_CHANGED:
        self.askSaveFileYesNo()

    self.newFile()
```

```
        homeFolder = os.path.expanduser("~")
        self.FILEPATH.set(filedialog.askopenfilename(initialdir = homeFolder,
title = "Datei öffnen", filetypes = (("CSV-Dateien","*.csv"),("Alle Datei-
en","*.*"))))

        fileName = os.path.basename(self.FILEPATH.get())
        self.__master.title(self.APPNAME + " [" + fileName + "]")

        if fileName != "":
            with open(self.FILEPATH.get(), "r") as file:
                lineCount = 0
                for line in file:
                    lineCount += 1
                    if lineCount > 1:
                        tmp = line.rstrip().split(";")
                        self.PORTFOLIO.append( [tmp[0], float(tmp[1]),
float(tmp[2])] )

        self.rebuildPortfolioView()
```

Beim Öffnen der Datei gibt es auch nicht viel Neues. Zuerst prüfen wir wieder ob die Daten verändert wurden und fragen gegebenenfalls ob diese Änderungen gespeichert werden sollen.

Mit `newFile()` leeren wir dann die Klasseneigenschaften und die Tabelle, um dann mit dem Laden der Daten zu beginnen.

Mit `os.path.expanduser("~")` erhalten wir den jeweils richtigen Benutzer-Ordner bzw. Home-Ordner für das jeweilige Betriebssystem. Dies und einen Filter auf CSV-Dateien mit einer zweiten Option alle Dateien anzuzeigen übergeben wir an den `filedialog.askopenfilename()`.

Das Einlesen und zerlegen der Daten sowie das Zuweisen an die entsprechende Variable sollten Sie noch vom CLI-Beispiel kennen.

Abschließend lassen wir die Tabelle wieder neu aufbauen.

```python
def saveFile(self, evt=None):
    if self.FILEPATH.get() != "":
        with open(self.FILEPATH.get(), "w") as file:
            file.write("CODE;AMOUNT;BUY-PRICE\n")
            for line in self.PORTFOLIO:
                file.write(str(line[0]) + ";" + str(line[1]) + ";" +
str(line[2]) + "\n")
        self.FILE_CHANGED = False

    else:
        self.saveFileAs()
```

Hier prüfen wir ob bereits ein Dateiname in der Klassen-Eigenschaft `FILEPATH` hinterlegt ist. Da diese eine Instanz von `StringVar` ist greifen wir darauf mit `get()` lesend bzw. mit `set()` schreibend zu. Falls ja, wird die CSV-Datei geschrieben.

Falls nicht, wird `saveFileAs()` aufgerufen.

```python
def saveFileAs(self, evt=None):
    homeFolder = os.path.expanduser("~") + "/Buch_Python3/00_Scripts/"
    f = filedialog.asksaveasfile(initialdir = homeFolder, title = "Datei
speichern als...", defaultextension=".csv")
    if f is not None:
        self.FILEPATH.set(f.name)
        fileName = os.path.basename(f.name)
        self.__master.title(self.APPNAME + " [" + fileName + "]")
        f.close()
        self.saveFile()
```

Hier wird nur der Dialog zum Auswählen eines Speicherortes und Dateinamens aufgerufen und danach die entsprechenden Klassen-Eigenschaften gesetzt und wiederum `saveFile()` aufgerufen.

Der Grund warum wir so fröhlich durch den Code zappen ist, dass wir einerseits versuchen so wenig Code wie möglich doppelt zu schreiben und so kürzere und übersichtlichere Programme zu erstellen und andererseits geht es aber auch um die Wartbarkeit - haben wir dreimal im Programm ein und die selbe Code-Passage drin, dann müssen wir Änderungen an dieser Codepassage auch an allen drei Stellen vornehmen. Und genau das ist allzu Fehleranfällig - schnell wird eine der Codestellen übersehen.

```python
def addCoin(self, evt=None):
    # Eingabevalidierung
    symb = self.txtSymbol.get()
    amount = self.txtAmount.get().replace(",", ".")
    price = self.txtBuyPrice.get().replace(",", ".")
    error = False
```

```
        symbFound = False

        for item in self.JSON:
            if symb in item.values():
                symbFound = True

        if not symbFound:
            error = True
            messagebox.showerror(self.APPNAME, str(symb) + " ist kein bekann-
tes Symbol", icon='error')

        try:
            amount = float(amount)
        except:
            error = True
            messagebox.showerror(self.APPNAME, str(amount) + " ist kein gülti-
ger Zahlenwert", icon='error')
        try:
            price = float(price)
        except:
            error = True
            messagebox.showerror(self.APPNAME, str(price) + " ist kein gülti-
ger Zahlenwert", icon='error')

        # Hinzufügen zum Portfolio
        if not error:
            item = [symb, amount, price]
            self.PORTFOLIO.append(item)

            txtSymbol.delete(0, END)
            txtAmount.delete(0, END)
            txtBuyPrice.delete(0, END)
            txtSymbol.focus()

            self.FILE_CHANGED = True
            self.rebuildPortfolioView()
```

Auch das Hinzufügen der Einträge in das Portfolio birgt keine großen Überraschungen. Hier finden wir auch unser klassisches Formular-Reset mit Cursor-Sprung zum Anfang für eine weitere Eingabe wieder.

Der Rest ist Eingabevalidierung, hinzufügen zum Protfolio, setzen der Eigenschaften um zu vermerken, dass die Änderungen noch nicht gespeichert wurden und das neu Laden der Tabelle.

```
def showPopupMenu(self, evt=None):
    try:
        self.popup.selection = self.tblPortfolio.set(self.tblPortfolio.
identify_row(evt.y))
        self.popup.post(evt.x_root, evt.y_root)
    finally:
        self.popup.grab_release()
```

Jetzt Sehen Sie auch endlich warum wir bei so gut wie allen Methoden die zwei Parameter `self` und `evt=None` verwenden. Wenn eine Funktion durch ein Event (*zB Rechtsklick oder Shortcut*) aufgerufen wird, wird dieser automatisch das Event-Objekt mit übergeben. Durch das Vorbelegen dieses Parameters mit `None` können wir die Methoden von Hand auch ohne Event-Übergabe aufrufen.

Hier benötigen wir die Daten des Events aber... Zuerst müssen wir anhand der Y-Koordinate ermitteln welche Zeile des Treeview-Widgets angeklickt wurde. Danach erst zeigen wir das Kontextmenü an der aktuellen Mausposition (`evt.x_root`, `evt.y_root`) an.

Die Zeile der Portfolio-Tabelle muss zuerst ermittelt werden da nach dem Anzeigen des Kontextmenus erst auf die Benutzerinteraktion gewartet wird. Klickt der User dann auf Löschen wird gleich darauf die `deleteEntry()` angesprungen. Diese benötigt allerdings die Daten der Zeile um zu wissen was gelöscht werden soll.

```
def deleteEntry(self, evt=None):
    index = int(self.popup.selection["ID"]) - 1
    del(self.PORTFOLIO[index])
    self.FILE_CHANGED = True
    self.rebuildPortfolioView()
```

Apropos `deleteEntry()`... hier ermitteln wir die Indexziffer anhand der ID-Spalte und entfernen danach diesen Eintrag aus der `PORTFOLIO`-Liste. Dann speichern wir den Status und bauen wieder mal die Tabelle neu auf.

```
def rebuildPortfolioView(self, evt=None):
    sumActVal = 0
    for i in self.tblPortfolio.get_children():
        self.tblPortfolio.delete(i)

    for col in range(0, len(self.tblPortfolioHeads)):
        self.tblPortfolio.heading(col, text=self.tblPortfolioHeads[col])
        if col > 1:
            self.tblPortfolio.column(col, anchor="e")
        else:
            self.tblPortfolio.column(col, anchor="w")

    for i in range(0, len(self.PORTFOLIO)):
```

```
            symbol, amount, histPrice = self.PORTFOLIO[i]
            for item in self.JSON:
                if item['symbol'] == symbol:
                    actPrice = float(item['price_eur'])
                    actValue = amount * actPrice

                    vals = [(i+1), symbol, format(amount, ".6f"),
format(histPrice, ".6f"), format(actPrice, ".6f"), format(actValue, ".2f")]
                    sumActVal += actValue
                    self.tblPortfolio.insert('', 'end', values=vals)

        self.tblPortfolio.insert('', 'end', values=["", "", "", "", "SUMME",
format(sumActVal, ".2f")])
        self.statusBarRight.configure(text = str(len(self.PORTFOLIO))+" POS.")
```

Die so oft verwendete `rebuildPortfolioView()` löscht zuerst alle Tabellen-Zeilen inklusive Header mit ihrer ersten `for`-Schleife.

Dann erzeugen wir die Header-Spalten wieder mit der zweiten `for`-Schleife.

Die dritte `for`-Schleife durchsucht die JSON-Daten nach den aktuellen Kursen und fügt dann die Portfolio-Werte ergänzt durch den aktuellen Kurs und den aktuellen Wert der Coins als weitere Zeile der Tabelle hinzu.

Danach wird der aktuelle Gesamtwert des Portfolios als letzte Tabellenzeile angefügt und die rechte Spalte der Statuszeile aktualisiert in der wir die Anzahl der Investments anzeigen.

```
    def ticker(self, evt=None):
        data = requests.get("https://api.coinmarketcap.com/v1/
ticker/?convert=EUR&limit=300")
        self.JSON = json.loads(data.content)
        self.rebuildPortfolioView()
        self.after(60000, self.ticker)
```

Auch der Ticker ist nichts besonderes auch wenn er nicht so schnell tickt wie in anderen Börsen-Tools. Die JSON-Abfrage aus dem Internet sollten Sie auch noch kennen und wie sollte es anders sein auch hiernach bauen wir die Tabelle neu auf um die aktuellen Kurse anzuzeigen.

Die Eingangs erwähnte `after()`-Metode bekommt zwei Parameter - die Wartezeit im Millise-kunden (*hier also 60 Sek.*) und die auszuführende Funktion. Somit ruft sich der Ticker immer wieder zeitversetzt selber auf, um so einmal pro Minute die Kurse zu aktualisieren.

```
    def about(self, evt=None):
        messagebox.showinfo(self.APPNAME, self.APPNAME + " " + self.APPVERSION
+ '\n(c) Mark B. 2018 \n\nBeispiel-Projekt für das Buch \n"Programmieren ler-
nen mit Python 3"\nISBN: 987-xxxxxxxx')
```

Hier geben wir nur eine kurze Info zum Programm als Messagebox aus.

```
def doQuit(self, evt=None):
    self.quit()
```

Die `doQuit()` Wrapper-Funktion verdanken wir dem Umstand, dass beim Aufruf der Funktion durch das Eventhandling (*wenn wir Strg+Q bzw. Command+Q drücken*) auch das Event mit übergeben wird und das ist in der `quit()` Methode von Tk nicht vorgesehen.

Also schreiben wir eine Funktion darum herum, die diese Parameter annehmen kann, nicht verwendet und nur `self.quit()` aufruft. Interpreterfehler beseitigt... Man hätte hier auch `quit()` überschreiben können aber der Wrapper ist hier der Weg des geringsten Wiederstands.

```
def onClosing(self, evt=None):
    if self.FILE_CHANGED:
        self.askSaveFileYesNo()

    self.__master.destroy()
```

Will ein User das Programm schließen wird nun diese Funktion ausgeführt. Eigentlich geht es nur darum nochmals die Frage zu stellen ob Änderungen verloren gehen sollen und wenn nicht, die Funktion zum Speichern aufzurufen. Diese prüft wieder ob ein Dateiname vorhanden ist und ruft im Fall der Fälle auch noch `saveFileAs()` auf. Dort wird dann ein Dateiname festgelegt und es geht wieder zu `saveFile()` um die Datei zu schreiben und dann zurück hierher.

Die Zeile `self.__master.destroy()` sorgt nach dem ganzen Speicher-Funktionen dafür, dass das Hauptfenster aus dem Speicher entfernt und damit das Programm terminiert wird.

```
def tickerShowAll(self, evt=None):
    tickerWin = tk.Toplevel(self.__master)
    tickerWin.title("COIN Ticker Liste")
    lblSSD = Label(tickerWin, text="Sie sind dran...")
    lblSSD.pack(side=LEFT)
```

Diese Funktion überlasse ich ihnen als kleine Übung... Derzeit erscheint nur ein zweites Fenster mit einem Label, dass sagt "Sie sind dran..."!

Schreiben Sie den fehlenden Code um in diesem Fenster mit einem weiteren Treeview die Kurse, Symbole, Namen und Veränderungen über 1 bzw. 7 Tage anzuzeigen.

Im Grunde ist der ganze Code dazu bereits vorhanden Sie brauchen ihn nur noch zusammenkopieren. Dann wird Ihnen auch noch eine Scroll-Leiste fehlen... Diese werden Sie bei 300 Einträgen brauchen. Dazu können Sie `ttk.Scrollbar` verwenden und diese an Ihr Treeview binden. Dazu reicht es, die `yview()` und `set()` Methoden des Treeviews bzw. der Scrollbar zu verwenden.

Ich überlasse Ihnen an der Stelle bewusst ein wenig Sucherei in der Dokumentation da Sie dies im Alltag auch permanent machen müssen und Sie nicht viel lernen, wenn Sie alles nur von diesem Buch abtippen. Ein Sortieren der Werte nach einem klick auf den Header der Spalten wäre auch noch eine relativ nützliche Funktion...

```
mainWin = Tk()
mainWin.geometry("1200x480")
mainWin.tk_setPalette(background='#BBBBBB', foreground='black',
activeBackground='black', activeForeground='#BBBBBB')
cpo = CoinPortfolioOverview(mainWin)
mainWin.mainloop()
```

Final müssen wir wie zuvor schon gezeigt ein Hauptfenster erzeugen, die Start-Größe festlegen, ein paar Style-Eingenschaften festlegen, unsere Klasse instanzieren und die Ereignisschleife starten. Und so sieht unser Projekt in Action aus:

Was unserem Projekt noch fehlt sind einige Fehlerprüfungen bzw. einiges an Fehlerhandling. Auch das überlasse ich Ihnen als Übung. Überlegen Sie was alles schief gehen kann. Öffnen Sie falsche Dateien mit nicht passenden Datenformaten, schreibschützen Sie die Datei und versuchen dann die Daten zu speichern, ... Seien Sie kreativ und versuchen Sie so viel wie möglich zu bedenken. Das macht in der Praxis schnell 60-70% Ihrer Arbeitszeit aus.

Wir gehen mit den Ressourcen hier nicht unbedingt pfleglich um - das permanente neu Aufbauen der Tabelle ist sicherlich unnötig - wie schon mehrfach gesagt kommt es bei so einer Anwendung aber nicht auf die Performance an. Bevor ich zig weitere Funktionen und Zeilen Code extra schreibe nehme ich lieber im Kauf, dass das Aktualisieren der Tabelle 0,1 Sekunden länger braucht.

Maschinelles lernen mit Python

Schlagworte, die immer wieder durch die Medien geistern sind künstliche Intelligenz, maschinelles Lernen, ... Im Grunde sind dieser Gedanke und die dahinterstehenden Techniken nichts neues. Diese Idee ist fast so alt wie der Computer an sich - schon Mitte der 1950er Jahre wurde daran geforscht.

Heute tragen wir allerdings winzige Taschencomputer mit uns herum, die mehr Rechenleistung haben als 1960 die ganzen Computer auf der Welt zusammen. Außerdem ist es heute kein Problem eine Sprachaufnahme schnell über das Internet an einen Server zu übertragen und dann mit Millionen oder Milliarden Einträgen abgleichen zu lassen und den geschriebenen Text zurückzusenden. Kurzum es wird parktikabel und alltagstauglich einsetzbar.

Maschinelles lernen wird für extrem Vieles eingesetzt - sei es um Trends oder das Wetter vorherzusagen oder das Verhalten und die Interessen von Kunden, Usern, etc. zu bewerten und zu analysieren, um zielgerichtete Werbung zu generieren.

Das Thema ist allerdings sehr mathematiklastig und relativ komplex. Wenn Sie nur damit arbeiten wollen dann müssen Sie sich nicht wirklich mit der Mathematik im Hintergrund beschäftigen und Sie können einfach einen für Ihre Zwecke passenden Algorithmus auswählen, mit Daten anlernen und mit der KI arbeiten. Hier sollte man sich TensorFlow und `sklearn` ansehen.

Damit Sie aber zumindest im Allgemeinen verstehen wie so etwas funktioniert werden wir unsere eigene Milchmädchen-Logik KI entwickeln.

```python
#!/usr/local/bin/python3
import matplotlib.pyplot as plt

class MilkMaidBrain:
    def __init__(self):
        self.__histValues = []
        self.__pattern = [0]
        self.__linearFactor = 1

    # Lern-Funktion
    def learn(self, valuesList):
        self.__histValues = valuesList

        # Muster lernen
        for i in range(1, len(self.__histValues)):
            val = self.__histValues[(i)] - self.__histValues[(i - 1)]
            self.__pattern.append(val)
```

```python
        # Durchschnittliche Veränderung ermitteln
        sumFact = 1
        for i in range(1, len(self.__histValues)):
            fact = self.__histValues[(i)] / self.__histValues[(i - 1)]
            sumFact += fact
        self.__averageDelta = sumFact / len(self.__histValues)

    # Vorhersage auf Basis der duchschn. Veränderung
    def predictAverageDelta(self, count):
        pred = []
        val = self.__histValues[-1]
        for i in range(0, count):
            val = val * self.__averageDelta
            pred.append(val)
        return pred

    # Vorhersage auf Basis des Musters
    def predictPattern(self, count):
        pred = []
        val = self.__histValues[-1]
        pattern = self.__pattern[1:]
        j = 0

        for i in range(0, count):
            val = val + pattern[j]
            pred.append(val)

            j += 1
            if j >= len(pattern):
                j = 0
        return pred

months = [1,2,3,4,5,6,7,8,9,10,11,12]
sells = [120,160,140]
fill  = [140,140,140,140,140,140,140,140,140]

brain = MilkMaidBrain()
brain.learn(sells)
```

Sie sollten mit Ihren bisherigen Kenntnissen problemlos verstehen was unsere `MilkMaidBrain`-Klasse macht. Wenn wir nun eine Instanz der Klasse erstellen und die `learn()` Methode mit den bisherigen Verkäufen füttern dann ermittelt diese das Muster [0, 40, -20] und den durchschnittlichen Zuwachs um den Faktor 1.06944.

Natürlich arbeiten diverse fertige Module mit deutlich komplexerer Logik aber die Vorgehensweise ist im Grund immer dieselbe. Es werden auf Basis von Daten Muster oder mathematische

Modelle erstellt, die dann dazu verwendet werden weitere Daten vorherzusagen. Im Grunde rät ein selbstfahrendes Auto also permanent ob es sich gemäß der StVO und gemäß der Situation verhält. Der Trick ist es die KI mit soviel Daten zu füttern, dass die Fehlerquote sehr gering wird und die Entscheidungsfindung zuverlässig und richtig arbeitet sowie die Auswahl oder Erstellung eines bestmöglich geeigneten Algorithmus.

Dann lassen wir unsere Klasse beide Vorhersagen liefern:

```
avg = brain.predictAverageDelta(9)
pat = brain.predictPattern(9)

plt.plot(months, sells + fill)
plt.plot(months, sells + avg)
plt.plot(months, sells + pat)

plt.show()
```

Folgendes wird als Grafik geliefert:

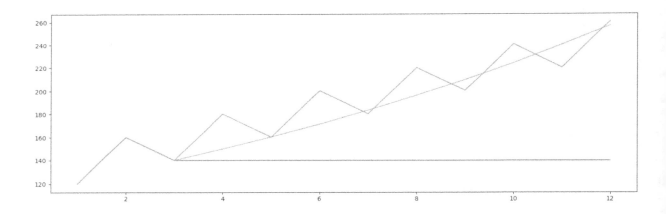

Wie Sie sehen haben beide Methoden mehr oder weniger einen sehr ähnlichen Endwert vorhergesagt - nur der Weg dorthin ist ein etwas anderer. Dies trifft allerdings nicht immer zu oftmals liefern verschiedene Algorithmen sehr unterschiedliche Werte und Ergebnisse. Daher sollten Sie sich zumindest die grundsätzliche Arbeitsweise diverse Algorithmen ansehen bevor Sie sich für einen entscheiden.

Dann sehen wir uns einmal das Modul `sklearn` an... Zuvor müssen wir die folgenden drei Module mit `pip3` installieren:

```
user@mint $ pip3 install pandas sklearn scipy
```

Dann implementieren wir das gleiche Beispiel wie vorhin mit linearer Regression:

```
#!/usr/local/bin/python3
import matplotlib.pyplot as plt
from sklearn.linear_model import LinearRegression

months = [1,2,3,4,5,6,7,8,9,10,11,12]
sells  = [120,160,140]
fill   = [140,140,140,140,140,140,140,140,140]

# Instanz erzeugen und anlernen
brain = LinearRegression()
brain.fit([[1], [2], [3]], sells)

# Umformen der Liste weil der Algorithmus eine Liste von Listen erwartet!
pm = []
for m in months:
    pm.append([m])

# Werte als Diagramm zeichnen
plt.plot(months, sells + fill)
plt.plot(months, brain.predict(pm))

plt.show()
```

Auch hier kommen wir wieder in eine relativ ähnliche Region wie mit unserer Eigenentwicklung. Zum Vergleich unsere zwei kamen auf 260 bzw. 255 und die lineare Regression prognostiziert uns 240 als Endwert.

Ohne zu wissen welche mathematischen Formeln für die Berechnung der Werte oder das trainieren zum Einsatz kommen oder wie diese funktionieren können wir mit dem Modul komfortabel arbeiten. Das Basiswissen hilf uns nur dabei einen geeigneten Algorithmus zu wählen.

Als nächstes wollen wir uns ein anderes Szenario ansehen und herausfinden wie wir auf Basis von bekannten Werten Gemeinsamkeiten finden und diese zur Vorhersage des Typs unbekannter Werte verwenden können...

Dazu habe ich die folgende Datei erstellt und als `daten.txt` abgespeichert:

```
WERT,KLASSE
0,Ziffer
1,Ziffer
2,Ziffer
3,Ziffer
4,Ziffer
5,Ziffer
6,Ziffer
7,Ziffer
21,Zahl
22,Zahl
23,Zahl
24,Zahl
25,Zahl
26,Zahl
33,Zahl
34,Zahl
61,Zahl
75,Zahl
88,Zahl
```

Unser Programm soll anhand dieser Liste selber lernen zwischen Zahlen und Ziffern zu unterscheiden. Dazu vergleichen wir zwei Algorithmen - `SVC` und `KNeighborsClassifier`.

```python
#!/usr/local/bin/python3
import pandas
from sklearn.svm import SVC
from sklearn.neighbors import KNeighborsClassifier

data = pandas.read_csv("daten.txt")
val  = data[['WERT']]
res  = data[['KLASSE']]

brain = SVC()
brain.fit(val, res)

brain2 = KNeighborsClassifier()
brain2.fit(val, res)
```

```
print(brain.predict([[55]]))          => Zahl
print(brain.predict([[3875]]))        => Zahl
print(brain.predict([[8]]))           => Ziffer
print(brain.predict([[9]]))           => Zahl          !!! FEHLER

print(brain2.predict([[55]]))         => Zahl
print(brain2.predict([[3875]]))       => Zahl
print(brain2.predict([[8]]))          => Ziffer
print(brain2.predict([[9]]))          => Ziffer
```

Pandas hilft uns die Daten strukturiert einzulesen und in diesem Fall sogar die Spalten aufzuteilen und somit einfacher an die fit() Methode zu übergeben.

Danach testen wir jeweils vier Werte (*55, 3875, 8 und 9*) mit jedem der Algorithmen.

Genau mit den verschachtelten Listen von vorhin können Sie auch auf die Einsätzung des Systems zugreifen. Ein ordentlicher Test sollte allerdings mehr Daten enthalten um eine genauer Aussage machen zu können.

Bei den vier Werten liegt svc bei nur 75% richtig. Auf der anderen Seite wären umfangreiche händische Tests recht aufwendig. Daher gibt es folgende Option:

```
data  = pandas.read_csv("test.txt")
val  = data[['WERT']]
res  = data[['KLASSE']]
print(brain.score(val, res))
print(brain2.score(val, res))
```

Hierbei lesen wir eine zweite Testdatei mit dem folgenden Inhalt ein und score() lässt den Algorithmus arbeiten, vergleicht seine Ergebnisse mit der Ergebnis-Spalte der Daten und liefert die Trefferquote zurück.

```
WERT,KLASSE
1,Ziffer
2,Ziffer
7,Ziffer
8,Ziffer
9,Ziffer
10,Zahl
11,Zahl
28,Zahl
37,Zahl
59,Zahl
99,Zahl
373,Zahl
349,Zahl
```

```
610,Zahl
750,Zahl
888,Zahl
```

Damit erhalten wir folgende Trefferquoten:

```
0.9375
0.875
```

Mit 93,75% gegenüber 87.5% liegt nun SVC vorne. Sie können im Zweifelsfall auch mehrere Algorithmen für Ihr Projekt miteinander Vergleichen und dann auf Basis des erreichten Scores entscheiden welchen Algorithmus Sie final verwenden wollen.

Natürlich können Sie den Algorithmen auch mehrere Parameter übergeben von dem ein Ergebnis abhängt. Dazu ein letztes Beispiel:

```
#!/usr/local/bin/python3
import random
from sklearn.svm import SVC

random.seed()
weight_height = []
shape = []
multiplier = 10

for i in range(0,13 * multiplier):
    w = random.randint(20, 46)
    h = random.randint(150, 220)
    weight_height.append([w, h])
    shape.append("untergewichtig")

for i in range(0,30 * multiplier):
    w = random.randint(46, 55)
    h = random.randint(150, 180)
    weight_height.append([w, h])
    shape.append("schlank")

for i in range(0,18 * multiplier):
    w = random.randint(55, 66)
    h = random.randint(180, 220)
    weight_height.append([w, h])
    shape.append("schlank")
```

```python
for i in range(0,35 * multiplier):
    w = random.randint(56, 71)
    h = random.randint(150, 180)
    weight_height.append([w, h])
    shape.append("normal")

for i in range(0,16 * multiplier):
    w = random.randint(66, 80)
    h = random.randint(180, 220)
    weight_height.append([w, h])
    shape.append("normal")

for i in range(0,23 * multiplier):
    w = random.randint(71, 90)
    h = random.randint(150, 180)
    weight_height.append([w, h])
    shape.append("mollig")

for i in range(0,19 * multiplier):
    w = random.randint(81, 100)
    h = random.randint(180, 220)
    weight_height.append([w, h])
    shape.append("mollig")

for i in range(0,26 * multiplier):
    w = random.randint(91, 250)
    h = random.randint(150, 180)
    weight_height.append([w, h])
    shape.append("übergewichtig")

for i in range(0,15 * multiplier):
    w = random.randint(101, 250)
    h = random.randint(180, 220)
    weight_height.append([w, h])
    shape.append("übergewichtig")

brain = SVC()
brain.fit(weight_height, shape)

bodies = [[75.5, 177.2], [49.8, 159.5], [126.3, 186.7]]

for body in bodies:
    print(str(body[1]) + "cm, " + str(body[0]), end="")
    print("kg = " + str(brain.predict([body])))
```

Mangels tatsächlicher statistischer Daten habe ich einfach einige Zufalls-Werte benutzt um beispielsweise alle Personen mit einer Körpergröße von 150-180cm und 46 bis 54kg als Beispiele für einen schlanken Körper anzulegen. Lassen wir das Programm laufen erhalten wir:

```
177.2cm, 75.5kg = ['mollig']
159.5cm, 49.8kg = ['schlank']
186.7cm, 126.3kg = ['übergewichtig']
```

Wie Sie sehen haben wir hier den Algorithmus mit jeweils 130-350 Datensätzen je Kategorie gefüttert. Wenn Sie das Programm mit deutlich weniger Datensätzen füttern dann erhalten wir deutlich unzuverlässigere Ergebnisse... Setzen Sie beispielsweise `multiplier` auf 1 anstatt der 10 dann erhalten Sie:

```
177.2cm, 75.5kg = ['übergewichtig']
159.5cm, 49.8kg = ['übergewichtig']
186.7cm, 126.3kg = ['übergewichtig']
```

Wenn Sie einem Kind zeigen wie ein A geschrieben wird dann wird es nach einigen wenigen Versuchen im Stande sein Ihr A, das A seiner Lehrer, Mitschüler, Großeltern, usw. zu erkennen.

Einem Computer müssen Sie hingegen hunderte oder gar tausende Beispiel-Bilder des Buchstabens in allen erdenklichen Schriften und Handschriften vorgeben um einen KI-Algorithmus auf eine akzeptable Erkennungsrate zu trainieren und dennoch liefert diese noch keine 100%.

Sie sehen hier schön je komplexer die Daten sind umso mehr Daten werden benötigt um brauchbare Ergebnisse zu erzielen. Erinnern Sie sich zurück - bei der Zahl und Ziffer Unterscheidung brauchten wir nur eine Hand voll Datensätze um bei `svc` deutlich über 90% zu erreichen und hier reichen knappe 200 Datensätze nicht mal dazu aus annähernd auf einen grünen Zweig zu kommen!

Mit ca. 2000 Datensätzen komme ich auf brauchbare Ergebnisse - Sie können aber gern mit dem multiplikator etwas herumspielen um herauszufinden ab wann Sie Stabil brauchbare Ergebnisse erhalten.

Da wir die KI mit Zufallsdaten füttern habe ich das Programm jeweils 5 mal laufen lassen - mit dem Multiplikator von 1 erhielt ich bei jedem Durchlauf andere Ergebnisse und dazu waren viele Falsch. Bei 10 erhielt ich bei allen 5 Versuchen idente Werte, die auch dem entsprachen was ich erwartet habe.

Sie können auch gern entsprechende Listen mit 10, 15 oder 20 Ergebnissen erstellen und diese `score()` übergeben.

Weiterführende Infos & Interessantes

Ich will Ihnen in diesem Kapitel nur ein paar Module und Projekte rund um Python vorstellen, die den einen oder anderen sicherlich interessieren könnten.

OpenCV

Wenn wir gerade bei dem Thema KI bzw. maschinelles Lernen waren dann darf hier ein Unterpunkt kaum fehlen - Gesichtserkennung. Genau das können Sie sehr einfach mit dem Modul `opencv` erledigen.

Damit ist dieses Modul aber noch lange nicht ausgereizt. Das CV steht für Computer Vision und damit ist das Modul primär dazu gedacht eine Basis für die Umgebungswahrnehmung von Robotern, Drohnen, etc. zu bilden.

Mehr dazu unter: `https://opencv.org/`

Raspberry Pi

Interessieren Sie sich für Robotik, wollen Sie eine eigene Alarmanlage bauen oder das Licht und die Jalousien in Ihrem Haus über einen PC steuern?

Dann wird Sie dieser kleine Einplatinen-PC für schmales Geld begeistern. Der RPi hat 26 sogenannte GPIO-Pins (*General Purpose Input / Output*). Also frei verwendbare Pins an denen Sie Geräte bzw. Elektronikkomponenten anschließen können und so zB mit einem Relais einen Motor schalten oder vieles mehr.

Selbstverständlich sind diese Pins mit Python frei programmierbar. Damit steht der Haussteuerung über einen Flask-Server und der damit ausgelieferten Webapp nichts mehr im Wege sofern Sie über die nötigen Elektronik-Kenntnisse verfügen.

Da ein RPi sehr klein ist, lässt sich dieser kleine PC auch in alle möglichen Dinge einbauen. So gibt es dutzende Robotik-Bausätze, die auf einen Raspberry Pi als Hirn setzen. Die Steuerung des Roboters können Sie (*wer hätte das gedacht*) wieder in Python schreiben. So haben Sie einem Roboter mit wenigen Zeilen Code und zwei zusätzlichen Sensorden, die an den GPIOs angeschlossen sind schnell beigebracht einer Linie zu folgen oder zumzudrehen wenn er auf ein Hinderniss trifft.

Selbst wenn Sie Robotik und Elektronik nicht interessieren dann bietet der RPi zumindest die Möglichkeit sich das Betriebbsystem Linux anzusehen und eignet sich als Testrechner um die Multiplattformfähigkeit Ihrer Programme zu testen. Falls Sie ihn dann doch nicht mehr verwenden, lässt er sich zur Not zu einem Multimedia-Center umfunktionieren und mit Kodi betreiben.

Meinungen analysieren

Hier will ich Ihnen schnell ein recht spektakuläres Modul vorstellen. Mit `TextBlobDE` ist es Möglich Texten eine Stimmung zuzuordnen.

```python
#!/usr/local/bin/python3
from textblob_de import TextBlobDE

strings = ["Alles super gut und toll",
           "Naja geht so",
           "So ein Mist! Ich bin maßlos enttäuscht!"]

for s in strings:
    p = TextBlobDE(s).sentiment.polarity
    print(str(p) + " :: " + s)
```

liefert:

```
 1.0 :: Alles super gut und toll
 0.0 :: Naja geht so
-0.5 :: So ein Mist! Ich bin maßlos enttäuscht!
```

Hierbei steht 1 für maximal positiv, 0 für neutrag und -1 für maximal negativ. Dazwischen liegt ein gleitender Übergang. Füttern wir das Modul mit Texten zu einem bestimmten Thema die wir aus den sozialen Medien erhalten können wir tendentiell die Stimmung in der Bevölkerung analysieren.

Natürlich sind solche Tools bei weitem nicht zu 100% zuverlässig aber um eine grobe Einschätzung zu bekommen ganz interessant. Wenn Sie beispielsweise den Mailverkehr von einer Person nach einem bestimmten Schlüsselwort durchsuchen und dann damit die Textfärbung ermitteln und den Mittelwert bestimmen können Sie mit wenigen Zeilen Code "NSA für Arme" spielen.

Auch hier gilt, dass die Ergebnisse tendenziell besser werden je mehr Werte wir verarbeiten.

Spieleentwicklung mit Python

Wenn Sie sich für dieses Thema interessieren dann kann `pygame` eventuell etwas für Sie sein... Auf der Webseite `https://www.pygame.org/tags/example` sind viele Beispiele für einfachste bis hin zu relativ aufwändigen Games enthalten.

Auch hier muss man wieder die Kirche im Dorf lassen... Python ist für viele Dinge gut und es lässt sich viel damit machen aber definitiv keine Game-Engine in Stiel von FarCry oder Witcher. Ganz abgesehen davon, dass ein solches Projekt für eine Person allein eine Lebensaufgabe darstellt.

Wenn man allerdings lustige kleine Games für zwischendurch wie Moorhuhnjagd oder Yetisports erstellen will dem kann dies in Python durchaus gelingen...

Sicherheit und Hacking

Auch diejenigen, die sich für IT-Sicherheit interessieren kommen bei Python nicht zu kurz. Sehr bekannte und geschätzte Tools wie zB `sqlmap` wurden in Python geschreiben. Allgemein ist Python in Hacker-Kreisen äußerst beliebt da es viele Module gibt, die Hackern das Leben Erleichtern.

Geht es darum HTML-Seiten zu zuerlegen, zu parsen oder anderweitig zu analysieren dann kann ich Ihnen beispielsweise `beautifulsoup` ans Herz lebegen. Ein wirklich sehr hilfreiches, mächtiges und gut dokumentiertes Modul.

Wenn es um die Manipulation von Netzwerkpaketen geht dann fällt mir sofort `scapy` ein. Damit wird ein zusammenbauen, abfangen, manipulieren und fälschen von Paketen sehr leicht gemacht.

Sollten Sie den meiner Meinung nach besten Netzwerkscanner (*Nmap*) von Python aus steuern wollen, diverse Tasks automatisieren oder die Scan-Ergebnisse von einer Logik auswerten lassen wollen die dann entsprechend reagiert, können Sie das Modul `nmap` verwenden.

Außerdem arbeitet Python gut mit dem MetaSploit Framework zusammen und selbst das Schreiben einer einfachen Reverse-Shell ist in wenigen Zeilen erledigt.

Viel mehr zu diesem Thema erfahren Sie in meinen anderen Büchern - siehe Kapitel "Weitere Buchprojekte".

Module finden

Auf `https://pypi.org/` finden sich zehntausende weitere Module und Projekte die Ihnen die Arbeit erleichtern.

Nehmen Sie sich die Zeit und stöbern Sie ein wenig herum - es lohnt sich...

Python Flügel verleihen

Unser bisher relativ Lockerer Umgang mit Systemressourcen wird in der Regel kein Problem werden. Es gibt aber durchaus Situationen in denen wir bzw. unsere Python-Scripte unter Zeitdruck arbeiten müssen. Dabei fällt mir ein Kunde ein bei dem über Nacht sehr viel autoamtisch passiert - Daten werden von Lieferanten bezogen und Verarbeitet, dann werden Daten zwischen Webseite und Backoffice-System ausgetauscht, das Backup erstellt, uvm. All das muss zwingend fertig sein bevor die Mitarbeiter eintreffen und mit ihrer Arbeit beginnen wollen.

Manchmal ist die Laufzeit wichtig und wir müssen Einsparpotential ausmachen...

Das folgende Programm führt 100 Millionen Berechnungen aus um auf eine entsprechend lange Laufzeit zu kommen. Dann sehen wir uns im Anschluss an, wie wir diesem Programm "Beine" machen können...

```python
#!/usr/bin/python3
from datetime import *

ts1 = datetime.now()
f = 0

for i in range(0, 100000000):
    f2 = int(0.7 * 100)
    f += f2

ts2 = datetime.now()
td = ts2 - ts1
print(td)
```

Ich denke zu den Programm brauch ich an dieser Stelle nichts mehr zu sagen... Also sehen wir uns die Laufzeit an:

```
mark@acerian:~/test$ python3 runtimeTest.py
0:01:45.161908
```

Eine Minute und 45 Sekunden und das an einem altern Celeron N2920. Das geht aber noch deutlich besser nicht nur indem wir einen neueren Rechner verwenden. Daher werden wir etwas machen, dass man mit einem Python-Programm normalerweise nicht macht - es kompilieren.

Dazu verwende ich ein Programm Namens `nuitka`. Das ist bei weitem nicht der einzige Kompilier für Python und Sie können gerne Testen ob ein anderer eine noch bessere Performance erreicht. Um die Vorgehensweise und den Effekt zu demonstrieren reicht dieser eine Kompiler an dieser Stelle und ich habe keine weiteren Python-Kompiler getestet. Und ich habe auch nicht getestet ob durch andere Kompiler-Optionen eine weitere Performanceverbesserung möglich wäre.

```
mark@acerian:~/test$ nuitka --recurse-on --python-version=3.5 runtimeTest.py
mark@acerian:~/test$ ./runtimeTest.exe
0:00:44.849640
```

Obgleich das Programm die Dateierweiterung `.exe` bekommt handelt es sich um ein Linux-Programm. Der Kompiler verwendet diese Dateierweiterung einfach als Vorgabe für Windows und Linux gleichermaßen. Das kompilierte Python-Programm ist zumindest einmal um den Faktor 2,33 schneller bzw. wenn Sie so wollen wurde die Ausführungszeit von 1 Minute und 45 Sekunden auf 45 Sekunden verkürzt was nur noch ca. 43% der ursprünglichen Laufzeit entspricht.

Python ist allerdings keine maschinennahe Sprache und wird niemals die Geschwindigkeit einer solchen erreichen. Sehen wir uns einmal folgendes C++ Programm an, dass im Grunde genau das gleiche macht:

```cpp
#include <stdio.h>
#include <ctime>

int main(){
    using namespace std;
    clock_t ts1 = clock();

    int i;
    int f = 0;

    for(i = 0; i < 100000000; i++){
        int f2 = 0.7 * 100;
        f += f2;
    }

    clock_t ts2 = clock();
    double td = double(ts2 - ts1) / CLOCKS_PER_SEC;
    printf("Fertig in %.6f Sekunden \n", td);
    return 0;
}
```

Auch diesen C++ Quellcode kompilieren wir und führen ihn aus:

```
markus@acerian:~/PyCoding$ gcc runtimeTest.cpp -o runtimeTest
markus@acerian:~/PyCoding$ ./runtimeTest
Fertig in 0.505899 Sekunden
```

Die 0,5 Sekunden im Vergleich zu den 45 Sekunden sprechen Bände - das C++ Programm ist fast 90 mal so schnell! Aber genau dazu ist C++ gemacht - Zeitkritische Aufgaben und bestmögliche Performance für rechenintensive Prozesse bei gut managebarem Code. Sprich nur ein wenig langsamer als Assembler aber deutlich angenehmer zu schreiben...

Bevor Sie Python jetzt gleich wieder ad Acta legen und anfangen C++ zu lernen will ich Sie beruhigen... Sie können von Python aus auch Module verwenden, die in C oder C++ geschreiben wurden.

Python ist die deutlich angenehmere Sprache und kümmert sich um so viele Dinge, die man in C++ selbst erledigen müsste. Außerdem sind heute Rechner so schnell, dass für viele Aufgaben der Mensch und dessen Reaktionszeit der limitierende Faktor ist und nicht die Ausführungzeit des Programmcodes. Für alle anderen Fälle gibt es den kleinen Extra-Kick durch das kompilieren des Python-Codes oder falls auch das nicht ausreicht die Möglichkeit mit in C++ geschriebenen Modulen Teilaufgaben performanter zu erledigen.

Darüber hinaus lohnt es sich oftmals auch sich ein Programm mit einem sogenannten Profiler anzusehen. Damit kommt man Speicherfressern oder rechenintensiven Programmteilen schnell auf die Spur.

Oftmals bewirkt eine kleine Inventur des Codes, etwas Nacharbeit hier und da oder das Ersetzen eines Modules durch ein anderes, ein anderer Datentyp, etc. schon sehr viel. An dieser Stelle will ich ihnen cProfile kurz vorstellen.

Ein Profiler analysiert was im laufenden Betrieb in dem Programm passiert und liefert Ihnen Daten darüber welche Funktionen und wieviel Prozent der Laufzeit ausmachen. So können Sie schnell identifizieren wo Sie ansetzen können und wo kaum Optimierungspotential vorhanden ist.

Sie würden sich wundern was damit machbar ist... Ich habe bei manchen Scripts die Geschwindigkeit um den Faktor 10 oder 15 steigern können durch konsequente Optimierung. Teilweise allein dadurch ein großes Modul aus dem nur eine oder zwei Funktion genötigt wurden durch ein oder zwei selbstgeschriebene Funktionen zu ersetzen.

Oftmals ist ein Modul konzipiert um viel mehr zu leisten als wir benötigen und das wird meist mit zusätzlichen Overhead erreicht. Das heißt nicht, dass das Modul schlecht programmiert ist sondern, dass wir bildlich gesprochen eine Pizza mit einem 12-Tonner liefern und uns dann am Monatsende über die hohen Sprittkosten wundern.

Wie stellen wir das nun an? Zuerst rufen wir das Python-Programm wie folgt auf:

```
python3 -m cProfile -o programmname.pyprof programmname.py
```

Nachdem das Programm beendet wurde benötigen wir ein Programm namens KCacheGrind und ein Script Namens: `pyprof2calltree.py`. Damit können wir die `.pyprof`-Datei umwandeln und anzeigen lassen:

```
python3 pyprof2calltree -i programmname.pyprof -k
```

KCacheGrind startet und zeigt Ihnen die Daten übersichtlich an...

Weitere Buchprojekte

Hacken mit Kali-Linux
Schnelleinstieg für Anfänger

Bei meiner Arbeit stoße ich immer wieder auf Netzwerke und Webseiten mit erheblichen Sicherheitsproblemen. In diesem Buch versuche ich dem Leser zu vermitteln, wie leicht es mittlerweile ist, Sicherheitslücken mit diversen Tools auszunutzen. Daher sollte meiner Meinung nach jeder, der ein Netzwerk oder eine Webseite betreibt, ansatzweise wissen, wie diverse Hackertools arbeiten, um zu verstehen, wie man sich dagegen schützen kann. Selbst vor kleinen Heimnetzwerken machen viele Hacker nicht Halt.

Wenngleich das Thema ein sehr technisches ist, werden die Konzepte so allgemeinverständlich wie möglich erklären. Ein Informatikstudium ist also keinesfalls notwendig, um diesem Buch zu folgen. Dennoch will ich nicht nur die Bedienung diverser Tools erklären, sondern auch deren Funktionsweise so weit erklären, dass Ihnen klar wird, wie das Tool arbeitet und warum ein bestimmter Angriff funktioniert.

ISBN: 978-3746012650

Webseiten hacken
Schnelleinstieg inkl. Entwicklung eigener Angriffsscripte

Wir kaufen ein, erledigen unsere Bankgeschäfte und kommunizieren mit Bekannten und Verwandten - alles online! Was unseren Alltag heute maßgeblich bestimmt und vereinfacht hat aber auch seine Schattenseiten!

In diesem Buch zeige ich Ihnen wie typische Fehler in Webseiten ausgenutzt werden können. Außerdem sehen wir uns an, wie Phishing funktioniert und wie einfach man mit wenigen Zeilen Code sogar einen Trojaner programmieren kann.

Lernen Sie wie ein Hacker zu denken und schließen Sie Lücken in Ihren Webapplikationen bevor diese zum Einfallstor für Angreifer werden! Darüber hinaus zeige ich Ihnen wie einfach es für einen Hacker ist, eine Webseite zu verwenden um deren User mit Malware anzugreifen oder einen Account zu kapern.

ISBN: 978-3746093475

www.ingramcontent.com/pod-product-compliance
Lightning Source LLC
LaVergne TN
LVHW080116070326
832902LV00015B/2613